भूपिन

बुकहिल पब्लिकेसन प्रा. लि., काठमाडौं
बुकहिल इन्टरनेशनल, लन्डन

कर्पोरेट तथा सम्पादकीय कार्यालय
सत्य-सदन ५३०/२० कालिका मार्ग,
का.म.न.पा.- २९, कालिकास्थान, काठमाडौं
पोस्ट बक्स नं. : ४९७४,
फोन : +९७७-१-५९०४४०१/२
bookhillp@gmail.com
www.bookhill.com.np

सर्वाधिकार © लेखकमा

आवरण
सचिन यगोल श्रेष्ठ

लेआउट
उमेश काफ्ले

पहिलो संस्करण : असोज २०८०

ISBN : 978-9937-753-57-9

यस पुस्तकको कुनै पनि अंश वा पूरै पुस्तक कुनै पनि माध्यमद्वारा पुनरूत्पादन, प्रसारण तथा फोटोकपी गरेको पाइएमा प्रतिलिपि अधिकार ऐन, २०५९ अनुसार कारबाही गरिनेछ ।

BHUPEENKA KABITA BY BHUPEEN

कविताको उडान

गाउँको घाँसे मैदानमा हवाईजहाज ओर्लेको र मैदानबाट जहाजले उडान लिएको देखेर बाल्यकाल बिताएँ । पाइलटहरूको चुरीफुरी देखेर यति प्रभावित बनें कि बाल्यकालभरि पाइलट नै बन्छु भन्ने सपना सजाएँ ।

जिन्दगीले मलाई कवि बनायो अथवा जिन्दगीलाई मैले कविता बनाएँ ।

आइस्टाइन् भन्छन्, "ज्ञानभन्दा पनि कल्पना शक्तिशाली हुन्छ ।" यसै पनि कल्पनाको उडान कविहरूको प्रिय दुनिया हो । कहिलेकाहीं सोच्छु, "धातुको जहाज उडाउने पाइलट नबने पनि म पाइलट नै हुँ । कविताको पाइलट, जो भावनाको पङ्ख, अनुभूतिको इन्धन र विचारको पाङ्ग्राले कविताको जहाज उडाउँछ र भिन्न-भिन्न समयका पाठकहरूको हृदय-मैदानमा अवतरण गरिरहन्छ ।

मेरो उडानको सामान्य सर्त छ कि म सधैं एक्लो नउडूँ । मेरो उडानमा समाज होस्, प्रकृति होस् । मानिस र धरतीका दुःख एवम् सङ्घर्षका कथाहरू होऊन् । तिनीहरूका खुशी र आनन्दहरूले पनि मसँगै यात्रा गरून् । समयको कुनै मैदानबाट उडान भरेर म पाठकहरूको हृदय-मैदानमा सकुशल अवतरण गरूँ । म यस्तो उडान भरूँ, जो समयको सुदूर क्षितिजसम्म जारी रहोस् ।

वि.सं. दुई हजार छैसट्ठीमा प्रकाशित 'हजार वर्षको निद्रा' र बहत्तरमा प्रकाशित 'सुप्लाको हवाईजहाज'बाट मलाई मन परेका कविताहरू यस सङ्ग्रहमा राखेको छु । यसर्थ यो कृति मेरा दुई पूर्वप्रकाशित कृतिको

प्रतिनिधी संस्करण हो । प्रकाशित दुवै कविताकृति दुर्लभप्रायः भएको स्थितिमा यो सङ्ग्रह प्रकाशित हुनु मेरा लागि खुशीको कुरा हो । मेरा कविता र कविताकृतिप्रति प्रेम दर्शाउने पाठकहरू नै यस प्रकाशनका उत्प्रेरक हुन् ।

मेरा लागि प्रेरक बुकहिल परिवार र मित्र भूपेन्द्र खड्का पनि हुन् । उहाँहरूप्रति पनि हृदयभरिको आभार व्यक्त गर्दछु ।

भूपिन

२९ असार २०८०

हजार वर्षको निद्रा

कविताक्रम

सुप्लाको हवाईजहाज

हजार वर्षको निद्रा

नदीहरू मान्छेजस्ता हुँदैनन्

नदीहरू
मान्छेले झैं राजनीति गर्दैनन्
नदीहरू
मान्छेले झैं कूटनीति जान्दैनन्
निर्जीव संचेतनाका पर्खालहरू भत्काएर
कुरूप हातहरू उचाल्दै नदीहरू
हिलो छ्यापाछ्याप गर्दैनन्
पानी बाराबार गर्दैनन्

नदीहरू
रङ्ग - विभाजन गर्दैनन्
नदीहरू
जात - विभाजन गर्दैनन्
नदीहरूको संविधानमा
सानो मूललाई पनि
सागर बन्ने उत्तिकै अधिकार हुन्छ
सानो खोलालाई पनि
सागर बन्ने उत्तिकै अधिकार हुन्छ
बिना कुनै प्रतिबन्ध
पहाड चढ्न सक्छन् नदीहरू
पहाड फाँड्न सक्छन् नदीहरू

नदीहरू
मनलागे सुक्न जान्दछन्
मनलागे फुक्न जान्दछन्
तर कदाचित नदीहरू
मान्छेजस्तै झुक्न जान्दैनन्
मान्छेजस्तै दुख्न जान्दैनन्

नदीहरू मान्छेले झैं
अहम्मा चोट लाग्ने भयले
सृष्टिले ठगेका गरिब र पुड्का खोलाहरू देखेर
टाढैबाट तर्किएर हिंड्दैनन्
नदीहरू मान्छेले झैं
रङ्ग नमिल्ने भयले
छुट्टै बाटो ताकेर हिंड्दैनन्
नदीको कालो पानी
नदीको सेतो पानीसँग मिल्न सक्छ
नदीको सेतो पानी
नदीको कालो पानीसँग मिल्न सक्छ
नदीहरू जन्मजात निग्रा हुँदैनन्
नदीहरू जन्मजात गोरा हुँदैनन्
नदीहरू आर्य-मङ्गोलियन हुँदैनन्
हिन्दू-मुस्लिम हुँदैनन् नदीहरू
बुद्धिष्ट-क्रिश्चियन हुँदैनन् नदीहरू

नदीहरू
नदीहरूजस्तै हुन्छन्
मान्छेजस्ता हुँदैनन् ।

समुद्र हेरिरहेको मानिस

बग्दै गरेको
कुनै समुद्रझैं देखिन्छ मानिस
जब ऊ समुद्रअघि उभिन्छ !

हिमपहरोबाट बग्दै-बग्दै
पग्लँदै आएको बरफको ढिक्काजस्तो
मानिस जब समुद्रमा हाम फाल्छ
बिलाउँछ ऊ
असिनाहरू बिलाएझैं माटोमा
यात्रीहरू बिलाएझैं बाटोमा

फुट्न तैयार
हजारौं ज्वालामुखीहरू छन् समुद्रसँग
खलपात्र सन्तानको पेट बोकेकी आमाको गर्भझैं
लाखौंको ज्यान लिने
सुनामीहरू छन् समुद्रको गर्भमा
मान्छे निल्ने साइक्लोनहरू छन्
ढुङ्गा काट्ने छालहरू छन्
र पृथ्वी नै हल्लाउने
भयङ्कर हलचल छ समुद्रसँग

समुद्रअघि उभिएको मानिससँग पनि
यी सबै छन्

सीमाहीन सीमाहरू छन्
जहाँ कोही कोलम्बस पुगेको छैन अझसम्म
जीवनभरि हिंडेर नसकिने
अनन्त बाटाहरू छन्
दुर्घटित
इतिहासका किंवदन्तीहरू छन्
अभेद्य प्रश्नहरू छन्

समुद्र बोकेर पिठ्युँमा
प्रकाश छिरेझैं झ्यालबाट चोटामा
मानिस घरभित्र छिर्छ
अफिस जान्छ
बैठकको निर्णयमा हस्ताक्षर गर्छ
पहाड चढ्छ र ओर्लन्छ
उसको मुटुले छाती बजाएझैं
मन्दिर गएर घण्ट बजाउँछ
मौन बस्छ
कविता लेख्छ
र समुद्रझैं
जीवन र मृत्युका सिमानाहरूमा बगिरहन्छ !

समुद्रअघि उभिएको मानिस
समुद्रमा मिसिएको पानीजस्तो देखिन्छ !

हजार वर्षको निद्रा

एउटा जीवनमा
म हजारौं वर्ष सुतिसकेको छु
अब ब्युँझन चाहन्छु निद्राबाट !

मानिसलाई कोक्रोमा हालेर
लोरी गाउँछ बुद्ध
ब्युँझाउने भनेर
बुद्धले पनि मलाई सुताएरै गएको छ
हिंड्दा हिंड्दै
सपना देख्न सिकेको छ मान्छेले
झन् ईश्वरले त
निदाएरै सपना देख्न सिकाएको छ
पुस्तकका चिसा पृष्ठहरूभित्र
पुतलीहरू च्यापिएझैं
म च्यापिएको छु
दर्शनका बोझिला किताबहरूबीचमा
र मस्त निदाएको छु जीवनभरि
ब्युँझने सपना देखेर !

ब्युँझन चाहन्छु अब म
हजारौं वर्षको गाढा निद्राबाट !

फोहोर

के प्राण बाँकी हुन्छ र ती घरहरूमा
जहाँ कुनै फोहोर हुँदैन !

जीवन केवल
नमेटिने तृष्णा हो सौन्दर्यको
फोहोरको नदी किनारमा,
फोहोर त त्यहाँ पनि हुन्छ
जहाँ पुग्छन् सपनै सपनामा
उचाइ टेकेर फर्किरहेका जाँगरिला खुट्टाहरू
जहाँ छिर्छन् रहरको बन्द ढोकाबाट
गहिराइ छोएर उत्रिएका सुन्दर आँखाहरू
फोहोर त्यहीं हुन्छ
जहाँ फुल्छन् अदृश्य सम्भावनाहरू

असमर्थ छन् फोहोर गर्न
मुखियाको लौरीलाई झैं
समयको जी-हजुरी गरिरहेका अमूक गाउँहरू
श्रमिकका आवाजहरू निल्ने हृदयविहीन शहरहरू
कोठाभित्र अचेत पल्टिएको रोगी हावा
र मानिसको स्पर्श पर्खिरहेका किताबहरू !

गरीबीलाई झैं
चरम असफलतालाई झैं
र मेरा अभावका अनन्त परतहरूलाई झैं
फोहोरलाई घृणा गर्ने मेरा सभ्य मित्रहरू
म कसरी सम्झाऊँ तिमीहरूलाई
कि फोहोरको क्षितिजबाट उदाउँछ
कानुन र राज्यसत्ताको नयाँ घाम
फोहोरकै आकाशमा टिम्टिमाउँछन्
कला र समस्त सौन्दर्यका जूनताराहरू
कसरी सम्झाऊँ
कि फोहोरकै कडा आवरण फुटालेर
चल्लाझैं निस्कन्छ स्वयम् सफा पनि !

फोहोर रूमालले अनुहार पुछ्ने पृथ्वीमा
फोहोर गरेरै जन्मिन्छ मानिस पनि !

निरपेक्ष कहाँ हुन्छ र स्वच्छता
बाँच्नका लागि फोहोर गर्नु जरुरी हुन्छ... !

जीवनको गति

म पक्रन खोज्छु जीवनलाई
कुनै सिकारु फोटोग्राफरले
क्यामरामा पक्रन चाहेझैं चट्याङको कला

आकाशमा कालो बादल लागिरहन्छ
छिनछिनमा आइरहन्छ डरलाग्दो आवाज
र छिनछिनमा परिरहन्छ चट्याङ
कुनै पेसेवर सर्जनले झैं
चट्याङले गरिरहन्छ
बिरामी आकाशको सफल अप्रेसन

म निको पार्न चाहन्छु
छातीको घाउ !

वर्षौंदेखि उभिइरहेको छु
आकाशतिर फर्किएर
र चोर औंला तैयार राखेर बटनमाथि
जब सङ्केत पाएर चट्याङको
थिच्छु म क्यामराको बटन
चट्याङले बनाएको सुन्दर चित्र
आकाशमा मेटिइसकेको हुन्छ !

हरपल
म पक्रन खोज्छु जीवनको गति !

आवाजहरूको बन्दीगृह

ढक् ढक् !
ढक् ढक् ढक् !!

आवाजले म ब्युँझँदा कोही ढोका ढक्ढकाउँदै थियो । म चल्मलाउन खोजें । लामो पीडादायक सपनाबाट म ब्युँझिएँ । आह ! यतिका वर्षपछि कसले ढक्ढकायो मेरो ढोका, अँध्यारो कोठामा यत्नले घडी हेर्न खोजें । नाडी उचाल्न खोजें । कतै कहीं टाँस्सिइरहेको थियो मेरो हात । मानौं, हजारौं लिलिपुटहरूले मेरो हात, शरीर र कपालमा किल्लाहरू ठोकिदिएका थिए । जब मेरो हात उठ्यो, हातबाट माटोका पत्रहरू भुइँमा झरे । असङ्ख्य धमिराहरू मेरो हातभरि उत्साहका साथ सल्बलाइरहेका थिए । मेरो नाडीमा घडीको अवशेषमात्र बाँकी थियो । समय थिएन । मेरो समयको कहिले मृत्यु भएको थियो, म सम्झिन सकिरहेको थिइनँ ।

ढक् ढक् ढक् ढक्
फेरि कसैले ढोका ढक्ढकायो वर्षौंपछि ।

कोठाभित्रबाट मैले जवाफ दिएँ -
"कोठाको ढोकामा चाबी लगाएको छ ।" (अनायास एक स्मरण भयो, लामो निंद सुत्नुपूर्व सापेक्ष विद्रोहले विक्षिप्त भएर मैले कोठाको चाबी श्यामलाई दिएको थिएँ र त्यसलाई ढोकामा बाहिरबाट पड्काइदिन भनेको थिएँ । त्यो मेरो संसारसँगको विद्रोह थियो । त्यही दिनदेखि सारा संसारलाई मैले मेरो कोठाबाहिर थुनिदिएको थिएँ र यसरी आफू स्वतन्त्र भएको थिएँ ।)

"अँ कोठाबाहिर चाबी लगाएको तपाईं देख्न सक्नुहुन्छ,
यसको अर्थ हो, कोठाभित्र कोही पनि बस्दैन ।"

उसले सोध्यो-
"कोठाभित्रबाट आइरहेको यो आवाज कस्को हो ?"

"यो एक मृतकको आवाज हो
जीवित मान्छेको आवाज होइन ।
यो आवाजमात्र बस्ने कोठा हो । यो एक आवाजको बन्दीगृह हो । मैले स्वेच्छाले नै यसै कोठाबाट आफ्नै आवाजलाई गिरफ्तार गरेको थिएँ र कैदी बनाएको थिएँ । यो मेरो नैसर्गिक र सार्वभौम विद्रोह हो । कृपया अब ढोका नढक्ढकाउनुहोस् ! आफ्नो यात्रामा फर्किनुहोस् ।", मैले भनें । शरीर चल्मलाउँदा पूरै शरीरबाट माटोका पाप्राहरू उप्किइरहेका र पाप्राहरू चर्मराउँदाको मीठो साङ्गीतिक आवाजमा म लट्ठिरहेको थिएँ । दुखाइको आनन्दमा म लीन थिएँ ।

"जो मान्छेसँग आवाज हुन्छ, उसको मृत्यु यत्ति छिटो सम्भव छैन ।
तपाईं आफ्नो आवाजलाई विश्वास गर्न सिक्नुस्
तपाईं वास्तवमै जीवित हुनुहुन्छ ।"
कोठाबाहिरको आवाजले भन्यो ।

ढोकाबाहिरको अदृश्य आवाजलाई विश्वास गरेर
जब मैले आवाज कैदी गृहको ढोका खोलें-
आवाजसहित नै कोठा बाहिरको मान्छे गायब भइसकेको थियो ।
यद्यपि म चाहन्थें, उसलाई भेट्न । उसलाई चुम्न र उसलाई अङ्गालेर अन्तिमपटक रुन, रोइरहन ।
जब मैलै ढोका खोलें, कारागारमुक्त संसारमा आवाजसँगसँगै मेरो मान्छे कतै गायब भैसकेको थियो ।
तर उसको फरक तर जादुमय आवाज
कोठाभित्र/कोठाबाहिर
म अझसम्म निरन्तर सुनिरहेको छु ।

एउटा लोरी गीत छोराका लागि

भोलि बिहानै तिमीलाई भेट्न आइपुग्नेछ
अहिले त पश्चिमलाई उज्यालो पार्न
त्यतैतिर पुगेको छ घाम
सुत छोरा सुत
भोलि बिहानै घामले तिम्रो ढोका ढक्ढकाउनेछ

भन्नेहरू त भन्छन्
डुब्नको लागि मात्र पश्चिम पुग्छ घाम
थाकेर मस्त सुत्नका लागि
पश्चिमको डाँडोबाट तल ओर्लन्छ घाम
तर छोरा
घाम डुब्नुमा घामको दोष कहाँ हुन्छ र ?
घाम डुब्छ
खसिरहेको उज्यालोलाई बचाएर धर्तीलाई बाँड्न
आकाशको खाली पानाभरि
उज्यालोको निशब्द कथा लेख्न

हो छोरा घाम डुबेको छ
र अँध्यारो चराझैं पखेटा खोलेर उडेको छ
घाम डुबेको छ
र हुस्सुको बाढी बग्न थालेको छ
घाम डुबेको छ

र अँध्यारोका प्रेमीहरू भजन गाइरहेछन्
चुलाहरू बिहानसम्मका लागि निभेका छन्
आँगनहरू भालेको डाँक पर्खेर बसिरहेका छन्
अब छतमा रातभरि कुनै चराले गीत गाउनेछैन
अब चौरमा कुनै रुखको छाया नाँच्न पाउनेछैन
रातभरि बाटोमा
बरफपट्टि लगाएर हिँडिरहनेछ हावा
समय बैसाखी काखीमा च्यापेर घिस्रिनेछ
एउटा भयले रातभरि बाँसुरी बजाइरहेनछ
तर चिन्ता नमान्नू छोरा
उज्यालो झरना भएर नखस्ने समयसम्म
म तिमीलाई लोरी सुनाइरहनेछु- उज्यालोको
म तिम्रा सपनासँग जिस्किने
शोकको अनकन्टारमा बाटो खनिरहनेछु
सुत छोरा सुत
भोलि बिहानै घामले तिम्रो ढोका ढक्ढकाउनेछ

भोलि फेरि
किरणहरूको पिङमा मच्चिएर
एउटा उत्सवमय दिन बिताउनुछ
इन्द्रेणीको खोलाबाट कुलो पटाएर
सादा खेतहरू रङ्गैरङ्गले भिजाउनुछ
आफन्तलाई
आफ्नै आसपासमा एक दिन फक्रिएको हेर्नुछ

जीवनलाई
यस्तै यस्तै दिनहरूको सङ्ग्रहालय बनाउनुछ

सुत छोरा सुत
भोलि बिहानै घामले तिम्रो ढोका ढक्ढकाउनेछ !

कुरूप कविता

एक्लै कति
सुन्दर भएर बसिरहोस् कविता

एक्लै कति
सौन्दर्यको एकोहोरो प्रेमी बनिरहोस् कविता

आज त्यसलाई
कुरूप पार्न मन लागिरहेको छ !

सबैभन्दा कुरूप राज्यसत्तामा पनि
सबैभन्दा सुन्दर देखिँदो रहेछ कविता

सबैभन्दा फोहोर
हिंसाको समुद्रमा नुवाएर
सबैभन्दा सफा भएर निस्कँदो रहेछ कविता

आज त्यसलाई
कुरूप पार्न मन लागिरहेको छ !

आऊ प्रिय कविहरू
यसपल्ट कवितालाई
सुन्दरताको दासताबाट मुक्त पारौं
कलाको अनन्त बन्धनबाट मुक्त पारौं

र हेरौं-
कविताको बत्ती निभेपछि
अझ कति अँध्यारो देखिँदो रहेछ दुनिया
अझ कति खाली हुँदो रहेछ रिक्तता

के अन्तर छ
मन्दिर र वेश्यालयको नग्नतामा
के अन्तर छ
संसद भवन र आर्यघाटको दुर्गन्धमा
के अन्तर छ
न्यायालय र मासु पसलको क्रुरतामा
यिनीहरूकै पर्खाल बाहिर
सबैभन्दा इमान्दार भएर उभिँदो रहेछ कविता

आज त्यसलाई
कुरूप पार्न मन लागिरहेको छ !

आऊ प्रिय कविहरू
आजै कविताको मृत्यु घोषणा गरौं
र हेरौं-
झन् कति जीवन्त देखिँदो रहेछ
कविताको लासमाथि जन्मिएको कविता

हेरौं
कविताको मृत्युमा खुशीले
कुन हदसम्म बौलाउँदो रहेछ बन्दुक
कति टाढासम्म सुनिँदो रहेछ- सत्ताको अट्टहास
र कति उदास देखिँदो रहेछ- कलाको अनुहार

सुन्दर कविताहरू लेख्नलाई त
सुन्दर समय बाँकी नै छ
किन आज लेख्न मन लागिरहेको छ
समयको अन्तिम लहरसम्म नलेखिएको
सबैभन्दा कुरूप कविता

जसरी बन्दुकले लेख्छ
हिंसाको कुरूप कविता सहिदको छातीमा...

एक्लै कति
सुन्दर भएर बसिरहोस् कविता !

शब्दका सुरुङहरू

जब जीवनले घातक हमला गर्छ
म शब्दका सुरुङहरूभित्र छिर्छु

खामिन्छु शब्दका आवरणहरूभित्र
कुनै बेवारिसे चिठीझैं
ठेगानाविहीन
खसाल्छु मनलाई शब्दहरूको हुलाकघरमा
पुग्ने हो कुन ठेगानामा
थाहा लाग्दैन
भिज्दै-भिज्दै बूढो हुलाकीको पुरानो झोलाभित्र
कुन घरको ढक्ढकाउने हो ढोका
थाहा लाग्दैन
तर हराउँछु शब्दका जुनेली साँझहरूमा
र सुरक्षित महसुस गर्छु

मौन छन् जीवनका धुनहरू
म जीवनभरि सितारझैं बजिरहन चाहन्छु
असुरक्षित छन् जीवनका लहरहरू
म जीवनभरि नदीझैं बगिरहन चाहन्छु
अन्यत्र जहाँकही पनि हार्ने सम्भावना छ
हार्छु

र शब्दका ट्रेन्चहरूभित्र टाउको लुकाएर
म जीवनका आक्रमणहरूलाई परास्त गर्छु

हजारौं दुःखहरूमा पनि
मलाई जीवनको यातना प्रिय छ
हजारौं सुखहरूमा पनि
मलाई जीवनको यातना प्रिय छ

जब जीवनले घातक हमला गर्छ
म शब्दका सुरुङहरूभित्र छिर्छु !

कवि नभएको भए

कवि नभएको भए
मैले उहिल्यै आत्महत्या गरिसकेको हुने थिएँ
वा पागलपनका अन्तिम सिमानाहरूमा
ईश्वरलाई गीत सुनाइरहेको हुने थिएँ !

प्रिय भावकहरू
तपाईंहरूझैं आम मान्छे बन्नलाई
मैले दुवै बाटाहरू त्यागिदिएँ

कवि नभएको भए
मेरो आत्माको एउटा बन्द ढोका
जीवनभरि कहिल्यै खुल्ने थिएन
मेरो आँखा हजारौं सपनाहरू जेल बस्ने
पागलखाना बन्ने थियो
मेरो हृदयमा प्रेमको धुन यसरी बज्ने थिएन
मेरो खुट्टामा यात्राको यति लामो नदी बग्ने थिएन

म जीवनको क्रूरतासँग पराजित भएर
क्रूरतालाई प्रेममा बदल्न असमर्थ हुने थिएँ

म समयको हमलासँग भयभीत भएर
समयलाई गीत बनाएर गाउन असमर्थ हुने थिएँ

पीडा र अभावका रङ्हरूलाई
सबैभन्दा सजीव पेन्टिङ बनाउन असमर्थ हुने थिएँ

पाहुना बस्न आउने स-साना खुशीहरूलाई
धन्यवादसम्म भन्न सक्ने थिइनँ

छिनालेर हृदयका असङ्ख्य जराहरू
कुनै अपराधीझैं
म उभिएको हुने थिएँ- जीवनको छेउमा

सबेरै
एउटा प्रिय पागलपनको सूर्यास्त हुने थियो

न ईश्वरलाई मनपरि गाली गर्न सक्थेँ
न मानिसहरूलाई यति विघ्न माया गर्न सक्थेँ

कवि नभएको भए
मैले उहिल्यै आत्महत्या गरिसकेको हुने थिएँ
वा पागलपनका अन्तिम सिमानाहरूतिर
ईश्वरलाई गीत सुनाइरहेको हुने थिएँ !

पाठकको हत्या

यस युगको महान् कवि
पाठकहरूको हत्या गर्छ
तर कुनै शोकगीत गाउँदैन

शब्दको मन्दिरमा
विम्ब र प्रतीकहरूको पुरानो गजुर चढाउँछ
झूठा मिथहरूको टुँडाल सजाउँछ
थुनिराख्छ कवि
निकाल्नै चाहन्न मन्दिरबाहिर
शब्दका नयाँ ईश्वरहरूलाई !

आत्मप्रलापका लागि
कविताभरि स्खलित गर्छ
शब्दका कामुकताहरू
सुन्दरी वेश्यालाई झैं कवि
भोग्छ शब्दहरूको सौन्दर्यलाई ।

कवि
अक्षरका आत्माहरूको चीरहरण गर्छ
अक्षरहरूलाई नाङ्गै पार्छ
र कुण्ठाको सपाट सडकमा हिंडाउँछ ।

'एडिक्ट' छ कविताको
कविताका नसाहरूमा सिरिन्ज हान्छ

कविताका कलिला हातहरूमा
अँध्यारो सूर्य थमाउँछ
दुर्व्यसनी आँखाहरूमा
रक्सीले मातेको पृथ्वी बोकेर
कविताको अन्तरिक्षमा हराउँछ ।

नयाँ कवितामा
ककटेल उपदेशहरू वान्ता गर्छ
हल्लाहरूको हाटबजारमा
शब्दहरूको किनबेच गर्छ
समीक्षा गर्न लगाउँछ भक्तहरूलाई
सापटी पुरस्कार थाप्छ
र सृजनशील उचाइको भ्रममा बाँच्छ ।

सबैभन्दा बढी
अमूल्य प्रेमका सस्ता कविताहरू लेख्छ
कि कवितामा
आत्महत्याको बीउ छर्छ
प्रिय छैनन् जीवनका बहुल रङ्गहरू
यस युगको महान् कवि
सादा रङ्गहरूको कोलाजभित्र निसासिन्छ ।

आधुनिक 'भ्यानगग' हो
यस युगको महान् कवि
सत्ताको समर्पणमा
कविताको कान काट्छ र चढाउँछ
र गर्वले
बुच्चा कविताहरूको पोर्ट्रेट बनाउँछ ।

यस युगको महान् कवि
पाठकहरूको हत्या गर्छ
तर कुनै शोकगीत गाउँदैन ।

लोकतन्त्रलाई प्रश्न

नानीमा आशा टाँसिएका आँखाहरू छन्
परेलीमा निरासा टाँगिएका आँखाहरू छन्
लोकतन्त्र
तिमीसँग ती आँखाहरूलाई दिन
कुन-कुन नयाँ दृश्यहरू छन् ?

तिमीलाई उज्यालो इन्द्रेणी बनाउन
उनीहरूले आङको घाम दिएका छन्
उनीहरूले पसिनाको रङ
र जीवनको निजी गन्ध दिएका छन्
कतिपय
फुकेका खाली हातहरू छन्
कतिपय
बन्द मुठीहरू छन्
लोकतन्त्र
तिमीसँग ती हातहरूमा थमाउन
कुन-कुन नयाँ जून-घामहरू छन् ?

स्कुलको पुरानो ऐनामा
जीवनको नयाँ विम्ब हेर्न लालायित
केटाकेटीहरूलाई
जीवनको क्रूरताबाट झिकेर
कसरी पुऱ्याउँछौ स्कुल ?

के राखिदिन्छौ
स्कुल हिँडिरहेका नानीहरूको झोलामा
किताब कि बन्दुक ?

के फलाउँछौ किसानका खेतहरूमा
जीवन कि आँसु ?

के भित्र्याउँछौ मजदुरका झुप्राहरूमा
उज्यालो कि अँध्यारो

के झार्छौ गरीबहरूको आँगनमा
उल्का कि तारा ?

समयको चुली चढ्न व्यग्र बाटाहरू
निदाइरहेका छन् गाउँहरूमा
तिनीहरूलाई कसरी ब्युँझाउँछौ ?
दु:खको गाढा ऐँठन छ
मधेसको फिक्का अनुहारमा
त्यसलाई कसरी उप्काएर फाल्छौ ?
ऊनसँग साटेर
नून कसरी पुऱ्याउँछौ बस्तीहरूमा ?
कसरी पुऱ्याउँछौ ?

प्रश्न गर्न पनि बर्जित
यो मुलुकमा
एकसाथ धेरै प्रश्नहरू सोध्न खोजिरहेका छन्
मानिसहरू
लोकतन्त्र
तिमीसँग उनीहरूलाई दिन
के-के नयाँ उत्तरहरू छन् ?
के-के नयाँ उत्तरहरू छन् ?

शब्दकोश

मृत्युले कला भरेको तुइनमा अल्झिएर
कर्णालीपारि पुगेपछि
सबैभन्दा गरीब महसुस गर्छ- शब्दकोशले

कर्णालीमा शब्दकोश
केही पानाहरू खाली छोडेर
प्रकाशित कुनै बैरागी किताबजस्तो लाग्छ
जहाँ नछुट्नुपर्ने धेरै कुराहरूसँगै
छुटेको छ कर्णालीको नाम
अथवा कर्णाली
त्यही वियोगी कविजस्तो लाग्छ
जसले आफ्नै आँखाअगाडि
कविताले आत्महत्या गरेको देखेको छ
अथवा त्यो समयजस्तो लाग्छ
जसले देशलाई अश्लील गाली गरिरहेछ !

यो शब्दकोश
जसमा अर्थको चमक हराएका शब्दहरूमात्र छन्
यो शब्दकोश
जहाँ प्राण उडेका खाली खाली पृष्ठहरू छन्
कसरी थाहा पाउँछ
कि कर्णाली

कति ज्यालामा भोकभोकै कालापहाडमा भारी बोक्छ ?
कसरी ज्यान दाउमा राखेर
विलासीहरूको लागि यार्सागुम्बा टिप्छ ?
कति लामो लाइन लाग्छ खाद्य डिपोमा
सात किलो चामल वा एक पोका नूनका लागि ?

कसरी दशैं मनाउँछ
रित्ता-रित्ता मदुसहरूबाट हावा झिकेर ?
यो शब्दकोश
जहाँ अर्थको टलक हटाएर शब्दहरूमात्र छन् !

निश्चिन्त छ
शब्दकोशको कुटिल सम्पादक
उसलाई कर्णालीको गीत सुनेर कुनै खतरा छैन
अझैसम्म लागिरहेकै छ उसलाई
कर्णाली
एउटा असफल गायक हो मुक्तियुद्धको
र उसको सफलता
केवल करूण रसका उदास गीतहरू गाउनुमा सीमित छ ।

कर्णाली
के तिमी चाहन्नौ
कि तिमीले गाइरहेको दुःखको गीत
पृथ्वीले सुन्ने अन्तिम शोक गीत बनोस्
र अब त्यस्तो शब्दकोश लेखियोस्
जहाँ तिमीले
जीवनका किनाराहरूमा
भोकका लहरहरू लेख्न नपरोस्
अभावका लहरहरू लेख्न नपरोस् !

परिवर्तन

म त्यही देशको उदास कवि हुँ
जहाँ परिवर्तनको नाममा
मात्र मौसम परिवर्तन हुन्छ !

रूखको देहबाट
उडेर जान्छ पुरानो गन्ध
र नयाँ बैंस पलाउँछ
हिमालको आँखाबाट
चुहिएर सकिन्छ निद्रालु साँझ
बगिरहेका नदीहरूमा
फरक-फरक लहरहरू दौडन्छन्
तर उस्तै छन्
सोचका साँघुरा गल्लीहरूमा
अन्त हुने हाम्रा यात्राहरू
हाम्रो जीवनको क्यालेन्डरमा
मात्र वर्ष परिवर्तन हुन्छ

जतातते
आवाजका लस्करहरू छन्
हामीसँग तिनीहरूलाई सुन्ने कानहरू छैनन्
जतातते

उत्सवका तयारीहरू छन्
हामीसँग तिनीहरूलाई देख्ने आँखाहरू छैनन्
युगका अँध्यारा गुफाहरूमा
हामीहरू
उही आदिम निद्रा सुतिरहेछौँ
हाम्रै आसपासबाट गुज्रिएर
मात्र समय परिवर्तन हुन्छ !

म त्यही देशको गरीब कवि हुँ
जहाँ परिवर्तनको नाममा
मात्र मौसम परिवर्तन हुन्छ !

सडक र एम्बुलेन्स

साइरन बजाउँदै
एम्बुलेन्स दौडिरहेको छ-
सडकमा !

अस्पताल कहाँ छ
एम्बुलेन्सलाई थाहा छैन
एम्बुलेन्सलाई थाहा छ-
भित्र सिटमा
समय-सडकमा दुर्घटित
सख्त बिरामी सुतिरहेको छ
र उसलाई
यथासक्य चाँडो अस्पताल पुऱ्याउनु
अत्यन्त जरुरी छ

मान्छेहरू
छिटो अझ छिटो
भत्किएको सडक मर्मत गर
र एम्बुलेन्सको लागि खालि गरिदेऊ
यो सडक
यही सडकमा

साइरन बजाउदै दौडिरहेको छ-
एम्बुलेन्स !

मेरो बिरामी देश बोकेर
सडकमा
एम्बुलेन्स दौडिरहेको छ !

उल्टो जुलुस

अँध्यारो सडकमा
उल्टो पाइला हिँडिरहेका मानिसहरूको
उल्टो जुलुस निस्किएको छ

सडकमा
अगाडिपट्टि टाउको फर्काएर
पछाडितिर हिँडिरहेका छन् मानिसहरू
सडकमा
सुल्टो हात हल्लाएर
उल्टो दिशामा हिँडिरहेका छन् मानिसहरू
जुलुसको
गति उल्टो छ
यात्रा उल्टो छ
गन्तव्य उल्टो छ
तर हिँडी नै रहेका छन् मानिसहरू सडकमा
मानौं, इतिहासको
यही नै पहिलो जुलुस हो
सुल्टो हिँडिरहेका मानिसहरूको

मेरै अघिल्तिर
मुहान भत्काएर

मुहानतिरै फर्किएको कुलाको पानीझैं
बगिरहेछ जुलुस सडकमा
लाग्छ-
जुलुससँग नयाँ खुट्टाहरू छन्
जुलुससँग नयाँ सपनाहरू छन्
र प्रयोगका लागि
यो जुलुस आयोजित छ

मानिसहरूका नाडीमा
भर्खरै बजारमा आएको
नयाँ घडी छ
र त्यो फन्फनी उल्टो घुमिरहेको छ
जमिनतिर झुकाइएका
फरक-फरक देशका
रङ्गीबिरङ्गी राष्ट्रिय झण्डाहरू छन्
र अँध्यारोमा बाटो देखाउन
तिनीहरू ह्वारह्वारती बलिरहेका छन्
झण्डा सल्काएर
मनाइरहेछन् उनीहरू सडकमा
राष्ट्रिय शोकदिवसहरू

सास फेरिरहेको पृथ्वी कात्रोमा बेरेर
मलामी हिँडिरहेका छन् मानिसहरू
सिङ्गै पृथ्वीजत्रो अनन्त अँध्यारोमा
कोही उल्टो सङ्ख फुकिरहेका छन्
कोही कुरूप ईश्वरको नाममा
सपथ खाइरहेका छन्

मनाही छ यो सडकमा
कसैले यहाँ जीवनको गीत गाउन पाउँदैन

कसैले यहाँ मान्छेलाई माया गर्न पाउँदैन
निषेधित छ यो सडकमा
कोही यहाँ सुल्टो हिँड्न पाउँदैन

अँध्यारो सडकमा
उल्टो पाइला हिँडिरहेका मानिसहरूको
उल्टो जुलुस निस्किएको छ !

हस्ताक्षर

नाङ्गै पैतालाको धुलोले
त्यहाँ मलाई एउटा हस्ताक्षर गर्ने रहर छ !

त्यहाँ अरू के-के छ म जान्दिनँ
पर्खालभित्र
एउटा मांसाहारी रुख छ
त्यसको फूलमा ज्यानमारा गन्ध छ
शताब्दीऔंदेखि
त्यही गन्धले
मेरा सपनाहरूको भोज खाएको छ

समयको बाढी पसेर
मलाई
त्यसको जरा उखेलिएको हेर्ने रहर छ !

समय जाम परेको सडकमा
त्यस नरभक्षी रुखलाई
अवतार मान्नेहरूको कुरूप भीड छ
लस्कर छ-
रुखको खुनी खुट्टामा
सस्तोमा टाउको चढाएर
घर फर्किने मुर्कट्टाहरूको

त्यसले मेरी आमाको काखबाट खोसेर
एउटा उज्यालो युगलाई
मेरै अगाडि निर्लज्ज निलेको छ

एउटा हुरी आएर
मलाई
त्यसको फूल झारेको हेर्ने रहर छ !

मेरी आमाले गुमाएको समयको नाममा
रुख उखेलेर
त्यहाँ मलाई एउटा हस्ताक्षर गर्ने रहर छ !

नाङ्गै पैतालाको धुलोले
त्यहाँ मलाई एउटा हस्ताक्षर गर्ने रहर छ !

ईश्वरहरूको युद्ध

इतिहासमा कुनै एक दिन
रक्सी पिएर मातेको सूर्य
अन्तिमपटक उदाउनेछ क्षितिजमा
र धर्मराउँदै हिंड्नेछ
आकाशको गोरेटोमा पूर्ववत्

त्यस दिन पृथ्वीमा
मान्छेभित्र सपनाका ज्वालामुखीहरू
सम्भवतः अन्तिमपटक फुट्नेछन्
त्यस दिन पृथ्वीमा
मान्छेभित्र महत्त्वकाङ्क्षाका भूकम्पहरू
सम्भवतः अन्तिमपटक बिउँझनेछन्
र साँझसम्ममा
मन्दिर, मस्जिद, गिर्जा र गुम्बाबाट
ईश्वरका आवाजहरू हराएर जानेछन् ।

कालो रातभरि
कुमारी हातले लालटिन समाएर
कुनै बैंसालु जून उदाउनेछैन आकाशमा
र स्वयम् पृथ्वी नै छिर्नेछ
ब्ल्याकहोलको खुल्ला ढोकाभित्र ।

भोलिपल्ट बिहान
गोली लागेको सूर्य उदाउन सक्नेछैन
आकाशको किनारामा कतै पनि ।

महाप्रलयको त्यस दिन
पृथ्वीमा ईश्वरको युद्ध शुरू हुनेछ
त्यही दिन
सम्पूर्ण मन्दिरहरू, मस्जिदहरू, गिर्जाहरू र गुम्बाहरू
युद्धशिविरमा रूपान्तरित हुनेछन्
र जहाँबाट
हातमा अत्याधुनिक हतियारहरू बोकेर
स्वयम् जिजस, अल्लाह र कृष्णहरूले
अन्धाधुन्ध गोली चलाइरहेका हुनेछन् ।

ईश्वरहरूले
आफ्नो अस्तित्वका निम्ति
हाम्रा घरहरू भत्काइरहेका हुनेछन्
हाम्रा कटेराहरू जलाइरहेका हुनेछन्
र हामीबाट
हाम्रो माटो खोसिरहेका हुनेछन्

त्यस दिन हामीले
ईश्वरहरूको मनभित्र
पापका महासागरहरू बगेको देख्नेछौं
ईश्वरहरूका आँखाभित्र
क्रूर-प्रतिच्छायाहरू चल्मलाएको देख्नेछौं
र त्यही दिन हामीभित्र
अप्रत्याशित, ईश्वरीय विश्वास
लास परेको हुनेछ... ।

ईश्वरहरूको युद्धमा
स्वाभाविक
ईश्वरहरू मरिरहेका हुनेछन्
तर अस्वाभाविक
मान्छेहरू बाँचिरहेका हुनेछन्-
इतिहासमा कतै नबाँचिएको
एउटा नूतन जिन्दगी... ।

कहीँ नपुगेका यात्रीहरू

फ्रेस हाउसमा काटिनका लागि
पालो पर्खेर बसिरहेका कुखुराहरू देखेपछि
म सम्झन्छु- कहीँ हिँडिरहेका बसका यात्रीहरू !

बसले उडाउँदै गएको धुलोको गुम्बज पछि-पछि
टायर गुडाउँदै हिँडिरहेको त्यो बालक
भग्नावशेष पुलमुनि पुगेर
किन रोकिन्छ ब्रेक लागेको बसझैं घच्याक्क
म सिर्फ सम्झन्छु- कहीँ हिँडिरहेका बसका यात्रीहरू !

कवि लालबहादुर परियारले
खोलाको बगरमा
कसरी कटाए त्यो दिन रुँदै-रुँदै
पटपटी फुटिरहेका टाउकाहरूबीच बसेर
कसरी गाडिन् मेघिया थरुनीले
मरेका बच्चाहरूलाई
जीवनमा सबैभन्दा बढी निर्मम भएर
रोकिन चाहेर पनि
कसरी बगरिह्यो बाँदरमुडे खोला
दुख्दै-दुख्दै उँधोतिर !

म सम्झन्छु-
सिर्फ सम्झन्छु- कहीं हिंडेका बसका यात्रीहरू !

खल्तीमा हात घुसारेर
ओहोरदोहोर गरिरहेछन्- मानिसका लस्करहरू
चुरोटको धुवाँ फ्याँक्दै
चुपचाप-चुपचाप पारि तर्दै छन्- बुढाबुढीहरू

ओ, अन्तिम यात्राका अभागी यात्रीहरू
दुई बर्खापछि
मैले फेरि झल्झली सम्झिरहेछु- तिमीलाई
सम्झिरहेछु पापी एम्बुस
र त्यो दिन
जुन दिन म रोएको थिएँ- गाउँको कोठामा
देखेर टिभीमा तिमीहरूको बीभत्स मृत्यु !

फ्रेस हाउसमा काटिनका लागि
पालो पर्खेर बसिरहेका कुखुराहरू देखेपछि
म सम्झन्छु- कतै हिंडिरहेका बसका यात्रीहरू
जो कहीं पनि पुगेनन् !

सपनाहरूको रङ्ग

मेरो देशका प्रिय सपनाहरू
भेटिन्नन् यो देशका साँधुरा सिमानाहरूभित्र
उनीहरूको यात्रा
विदेशमा जीवनको खोजीबाट शुरू हुन्छ
र आत्महत्याको योजनामा पुगेर टुङ्गिन्छ !

सपनाको छातीभित्र
हरदम बजिरहन्छ एउटा अन्तर्राष्ट्रिय धुन
जहाँ हुँदैन कुनै राष्ट्रिय ढुकढुकी
आँखाभित्र
निरन्तर नाचिरहन्छ एउटा विदेशी उज्यालो
जसले देखाउन सक्दैन अँध्यारोमा बाटो
राखेर एउटा पाइला देशको सिमानामाथि
अर्को खुट्टाले नापिरहन्छ विदेशी आकाश

ऊ अब आशाको झ्यालबाट
घामको मलामी गएको देख्छ पहाडहरूलाई
मुक्त भएको छ ऊ अब प्रेमको नसाबाट
निकालेर फालिसकेको छ
हृदयको कुनाबाट एउटा तस्बिर उसले

आफ्नो प्रेमीको
जसलाई हेरेर ऊ अब कुनै रसिलो सपना देख्दैन

रङ्गीन बन्न
कसले सिकायो सपनाहरूलाई
स्वदेशी चस्मा आँखाबाट झिक्न
र विदेशी चश्मा लगाएर निस्फिक्री सुत्न
किन केही भन्दैन यो देशको संसद्
किन चाहेनन् सपनाहरूले
बिहानसम्मको यात्रा गर्न
किन चाहेनन् सपनाहरूले
सपनाहरूझैं सुन्दर बन्न ?

तामागी

शहरले अपहरण गरेको छ तिम्रो आत्मा
र अचानोमाथि राखेको छ तिम्रो ढुकढुकी
देश म त्यही आत्मा र ढुकढुकी खोज्दै
यस्तो गाउँमा आइपुगेको छु
जहाँ मान्छेहरूभन्दा बढी घरहरू छन्
जहाँ सुरक्षाभन्दा बढी डरहरू छन्

मेरो अनुहार नै
एउटा प्रश्न भएर अगाडि उभिएपछि
गाउँका वृद्ध मुखिया आतेले भने-
"युवतीहरू सपना खोज्न शहर पसेका छन्
युवाहरू जीवन खोज्न विदेश पसेका छन्
र प्राण थामिरहेका बुढाबुढीहरू
आँगनमा काल पर्खेर बसेका छन्
यो गाउँको तातो पसिना
विदेशको माटोमा बगेको छ
यो गाउँको तातो रगत
विदेशको पानीमा बगेको छ ।"

मैले सोधे-
"कसले रोपेर गएका

लाहुरे फूलका यी उदास बोटहरू ?
कसले गोडेर गएका
फूलबारी, करेसाबारी र खेतबारीहरू ?
खोइ बिहान जगाउन
भालेहरू बासेको यो गाउँमा ?
खोइ गाउँ ब्युँझाउन
हिमालहरू हाँसेको यो गाउँमा ?"

गाउँको जम्मै उज्यालो विदेश लैजाने
छोराछोरीहरू सम्झँदै
वृद्ध मुखिया आतेले रुदै भने-
"लाहुरे फूलहरू नओइलाउँदै
र बिहान ब्युँझाउन भालेहरू नबास्दै
उनीहरू आएनन् भने
मृत्यु आउनेछ हाम्रा ओछ्यानहरूमा
हामीहरू सबै यसरी मर्नेछौं
कि मलामी जान पनि कोही बाँकी रहनेछैनन् !"

मैले देखिरहेको थिएँ-
शहरमा एकरात पनि बास नपाएर
संवेदनाका संस्कृतिहरू गाउँ पस्दै थिए
र यही क्रममा
तामागी
देशको मानचित्रबाट मेटिँदै थियो ।

तामागी : *कास्की जिल्लाको एक गुरुङ गाउँ*
आते : *-गुरुङ भाषामा अर्थ- बाजे*

हिँड्ने रुखको कथा

दशैंमा गाउँ जाँदा
गाउँले भन्नेछ-
"तिमी त शहरवासी भइसक्यौ
घापे खोलामा आउने आकस्मिक बाढीजस्तो
तिमी दशैं मनाउन मात्र गाउँ फर्किन्छौ !"

आमाले भन्नुहुनेछ-
"यो घरको ढोका
तिम्रो यात्राको बिसौनी हुन सकेन ।
उतै शहरमा
रत्यौली नाच्न पनि नदिएर बिहावारी गऱ्यौ
घरजम जमायौ
तिमी त शहरवासी भयौ ।"

काली गण्डकीले भन्नेछ-
"मेरो सौन्दर्यको गहिराइमा डुबेर
माया गर्ने कवि हरायौ !"

आमा समूहले बनाएको पुलले सोध्नेछ-
बाबालाई जलाएको आर्यघाटले सोध्नेछ-
एक्लो चौतारी र हात पर्खिएका खोरियाले सोध्नेछन्-
बालककालमा पौडिएका

लेउ लागेका दहहरूले सोध्नेछन्-
"तिम्रै शहरतिर सिरानी फर्काएर सुत्दा पनि
किन हामीलाई लाग्न छाड्यो बाडुल्की ?"

खेतहरूले भन्नेछन्-
गौचरनले भन्नेछ-
भिरमा अड्किएको पुरानो सम्झनाले भन्नेछ-
काँसघारीले भन्नेछ-
"स्मृतिको बगर छोडेर गाउँमा
तिमी त शहरमा हरायौ ।"

गाउँलाई सन्चो बिसन्चो सोधिहिँड्दा
सधैंझैं म सोचिरहनेछु आफूलाई
दुबिधाको टापुमा बाँचिरहेको एउटा रुख
हो, म हिँडिरहने एउटा अग्लो रुख
न गाउँमा फर्किन सक्छु
जहाँ मलाई अड्याउने जराहरू छन्
न शहरमा सुखले बस्न सक्छु
जहाँ केवल भाँचिएका हाँगा र चुँडिएका पातहरू छन् ।

दशैंमा गाउँ जाँदा
गाउँले भन्नेछ-
"तिमी त दशैं मनाउन मात्र गाउँ फर्किन्छौ !"

पोखरा

यो शहरले मेरा आँखाहरू असाध्यै मन पराउँछ
र कहिलेकाहीं
आफ्ना आँखाहरू टेबुलमाथि राखेर
मेरा आँखाहरूले मेरै तस्बिर हेर्छु भन्छ
यो शहरले मेरा ओठहरू पनि मन पराउँछ
र कहिलेकाहीं
आफ्ना ओठहरूको सट्टा
मेरा ओठहरूले मेरै तस्बिरलाई हेर्दै हाँस्छु भन्छ
यो शहरले मेरो मुटु पनि मन पराउँछ
र कहिलेकाहीं
मेरै मुटुले मलाई नै माया गर्छु भन्छ !

मेरा आँखाहरूले आफैंलाई हेर्दा म बरू कुरूप देखिन्छु
मेरै ओठहरूले हाँस्दा म बरू विरही देखिन्छु
आफ्नै मुटुले आफैंलाई माया गर्दा म बरू मधुरो देखिन्छु !

तर कुन्नि किन
यो शहर मसँग मेरा शत्रुहरूभन्दा पनि बढी असहमत छ
जति माग्दा पनि
मलाई मेरा आफ्नै आँखा/ओठ र मुटु फिर्ता दिंदैन

उल्टै भन्छ-
"ओ पागल कवि !
मैले फिर्ता दिनको लागि कहाँ राखेको हुँ र तिमीलाई
मनको गहिरो आकाशमा !"

मलाई थाहा छैन
मलाई नै मन नपर्ने मलाई
यो शहर किन मन पराउँछ
यो पोखरा किन मन पराउँछ !

यो शहर

यो शहर कहिल्यै मेरो गाउँ पुग्यो भने
सुन्नेछ
उसले यौवनभरि एकान्तमा गाएका प्रिय गीतहरू
जसलाई मैले लगेर गाएको थिएँ गाउँमा

यो शहर कहिल्यै मेरो गाउँ पुग्यो भने
देख्नेछ
उसले जीवनभरि कल्पेको प्रेमको आकाश
जसलाई मैले लगेर टाँगेको थिएँ गाउँमा

पुग्छ पुग्दैन थाहा छैन
तर यो शहर कहिल्यै मेरो गाउँ पुग्यो भने
र टेक्यो भने मेरो पुरानो घरको दैलो
थाहा पाउनेछ
कसरी गजबार लगाएको दैलोलाई मैले
उसको एकै स्पर्शमा उघ्रिन सिकाएको छु !

कसरी एकाएक खुल्नेछ उसको आँखाले
कुनै चाबीले खोल्न नसकेको एउटा गोप्य बाकस
जसभित्र देखिनेछ
उसले जीवनभरि खोजिरहेको
उसैको थुनिएको आत्मा

र एउटा
मौनता शीर्षकको कविता
जसको पहिलो पङ्क्तिमा लेखिएको हुनेछ-
"म मौन बन्न चाहन्छु
केवल तिमीलाई सत्य बताउनका लागि !"

पुग्छ पुग्दैन थाहा छैन
तर कुनै दिन यो शहर मेरो गाउँ पुग्यो भने
भेट्नेछ-
हजारपटक बोलेर पनि सत्य बनाउन असफल
मौनताको पूजा गरिरहेको उसको प्रेमीलाई !

एउटा प्रतीक्षाको विपक्षमा

बरू मलाई
एक लर्कन गलत बाटो हिँडिराख
र पर्खिराख त्यो पुरानो चौतारीमा भन
बरू मलाई
यात्रामा चाहिने जुत्ता सिलाइराख भन
अनुहारमा सौन्दर्यहरू मुजा परेका कविताहरू लेखिराख भन
तर बिन्ती तिम्रो प्रतीक्षामा
बुलेट ट्रेनझैं समय उडिरहेको हेर्दै
प्लेटफर्मको भिडमा हराइरहेको कुनै समयझैं
चुपचाप प्रतीक्षामा बस नभन

चिसोले काँपिरहेको फिरन्ता पृथ्वीले
टक्क अडिएर
कहाँ गर्छ र प्रतीक्षा घामको ?
बगिरहने नदीले रोकिएर कहीं
कहाँ गर्छ र प्रतीक्षा छालहरूको ?
हिंड्दा हिंड्दै थाकेर जून निदाउँछ
र उज्यालो ब्युँझिएर आकाशको दैलो लिप्छ
हिंड्दा हिंड्दै बाटोले बटुवाका पाइलाहरू भेट्छ
आकाशले फैलँदा फैलँदै व्याप्ति भेट्छ
चराहरू उड्दा उड्दै प्रेमका गीतहरू बन्छन्

मलाई पनि जीवनका सिमानाहरूभित्र
उडिरहनु छ/हिंडिरहनु छ/बगिरहनु छ
र तिम्रो प्रतीक्षा गरिरहनु छ
चुपचाप प्रतीक्षामा बस नभन

समयलाई रङ्ग बनाएर
मनका भित्ताहरू पोत्न बाँकी नै छ
मान्छेको सामर्थ्यसँग पराजित भगवान्लाई
मन्दिरमा गएर
शोकगीतहरू सुनाउन बाँकी नै छ
तिम्रो प्रतीक्षामा जीवनभरि भोगेका
भीषण यातनाहरूलाई
सबैभन्दा मनपर्ने गीत बनाउन बाँकी नै छ
र सबैभन्दा ठूलो कुरा
गल्तीहरू सच्चाउनका लागि मात्र भए पनि
बाँच्नु अनिवार्य हुँदो रहेछ
यो अनुभूति आफन्तहरूलाई सुनाउन बाँकी नै छ
यति धेरै कुराहरू बाँकी छोडेर
तिमी नै भन
म कसरी चुपचाप चुपचाप बसिरहन सक्छु
सपनाको बिउलाई ढुङ्गामा छरेर

गरें, अझसम्म तिम्रो दिव्य प्रतीक्षा गरें
जीवनका सबै-सबै प्राथमिकताहरू बिर्सिएर
र आज लाग्दै छ
चुपचाप प्रतीक्षा गरिरहनु
आत्महत्याजस्तै अप्रिय हुँदो रहेछ !

साँचो

एउटा साँचो मैले तिमीलाई दिएको छु

म आफैं एउटा बन्द कोठा हुँ
कहिलेकाहीं
आफैं खोल्न सक्दिनँ कोठाको ताल्चा
छिर्न सक्दिनँ कोठाभित्र
र छिरिहालें भने पनि
बुझ्न सक्दिनँ कोठाको मौन ध्वनि

मैले पनि खोल्न नसकेका पानाहरू छन्
पढ
र सच्याऊ यो कोठाको नमिलेको व्याकरण
उडेको छ रङ्ग भित्ताको
त्यसलाई मुटुको रङ्गले सजाऊ
वर्षौंदेखि
काम चलाएको छु सीमित हावाले
झ्यालहरू खोल
र नयाँ हावा भित्रिन देऊ
साँघुरो हुन सक्छ कोठा तिमीलाई
मसँग तन्किने भित्ताहरू छन्
यसलाई आफू अट्ने गरी तन्काऊ

बन्द आफूलाई सम्पूर्ण खोल्न
कोही एक जनाको हात चाहिंदो रहेछ
कोही एक जनाको साथ चाहिंदो रहेछ

मलाई खोल्न
एउटा साँचो मैले तिमीलाई दिएको छु !

प्रेमीहरू

प्रेमीहरू
सिर्फ सम्मोहित पुतलीहरू हुन्
जो प्रत्येक रात
आफ्नै सपनाहरूको मलामी जान्छन्
र प्रेमास्थाको उज्यालो बत्तीवरिपरि
मृत्युको तयारी गरिरहन्छन्
बारम्बार
आगोको समुद्रमाथि पौडिरहन्छन्
दुखाइका चरम आनन्दहरू लिन्छन्
सपनासँगै डढ्छन्
र अन्ततः मृत्युवरण गर्छन् !

फरक-फरक मृत्यु-उत्सव मनाउँछन् जीवनभरि
पुतलीहरू र प्रेमीहरू :
पुतलीहरू
अन्जानमा मृत्यु-उत्सव मनाइरहन्छन्
प्रेमीहरू
जानाजान मृत्यु-उत्सव मनाइरहन्छन् !

अन्तिम हस्ताक्षर

यो निर्दयी ईश्वरले
के लेख्छ मेरो निधारभित्र
सिस्मोग्राफ ?
त्यहाँ त एउटा प्रिय हस्ताक्षर छ
अरूले गरिदिएको

डाक्टरहरूले सुनून्
मेरो मुटुको कालजयी सङ्गीत
र जानून्
कार्डियोग्राफमा जे देखिन्छ
त्यो उसैको अन्तिम हस्ताक्षर हो
उसले आवेशमा गरिदिएको

जीवनको सादा चेकबुकमा
मैले त्यही हस्ताक्षर चलाएको छु
जीवनका ठूला निर्णयहरूमा
मैले त्यही हस्ताक्षर गरिदिएको छु
लाग्छ म स्वयम्
उसले गरिदिएको एउटा हस्ताक्षर हुँ !

मेरो मृत्युपछि
मेरो निधार र मुटु

सङ्ग्रहालयमा राखियोस्
कुनै पुरातात्विक वस्तुझैं
र लेखियोस् क्याप्सनमा-
"यो एउटा अराजक प्रेमीको
नमुना मुटु हो
एउटा हस्ताक्षरले चलेको !"

मेरो मृत्युपछि
देखोस् कसैले मेरो मुटुमा
आफ्नो हस्ताक्षर !

अन्तिम कविता

हिजो केही कविहरू थिए
जो भन्थे-
"कविताका लागि मात्र भए पनि
अलिकति अँध्यारो चाहिन्छ !"

केही चिन्तकहरू थिए
जो सोच्थे-
"सत्यलाई पुष्टि गर्न
अलिकति अँध्यारो जोगाउनुपर्छ !"

हे ईश्वर !
म जताजतै उज्यालै उज्यालो देखिरहेछु
अचनाक कसरी मेटिएर गयो अँध्यारो दुनिया ?
सोचिरहेछु-
अँध्यारो, जो थियो आज बिहानसम्म
त्यसलाई बगाएर लगेको छ उज्यालोको नदीले
उदासी, जो थियो उभिएको हृदयसम्म
बिद्रुपता, जो थियो टाँगिएको आँखासम्म
पगालेर गएको छ उज्यालोको तापले
छैन, अब कुनै अँध्यारो बाँकी छैन
केटाकेटीहरूको झोलाभित्र

छैन, अब कुनै कुरूपता बाँकी छैन
छातीको सुरुङभित्र !

गाउँलेहरूको पेटभित्र
भोकको कुनै अँध्यारो छैन
स्कुलहरूमा/अस्पतालहरूमा
कुनै आतङ्क नाचिरहेको छैन !

आँखाहरूमा
फेरि फर्केर आएका छन् सपनाहरू
लेख्न मुस्किल मुस्कानहरू छन् डबलीहरूमा
संसद्मा जस्तो चमक छ झुपडीहरूमा
सीमनाहीन पृथ्वीको अन्तिम छेउसम्म
कुनै शोकगीत बजिरहेको छैन

समयले सिलाएको नयाँ लुगा लगाएर
सडकमा हिँडिरहेको छ एउटा युग
यो देशको एउटा पोखरीनजिक
गर्वसाथ
बुद्धले फेरि आफ्नो पुनर्जन्मको घोषणा गरिरहेछ !

हे ईश्वर !
म जताततै उज्यालै उज्यालो देखिरहेछु
जताततै उज्यालै उज्यालो देखिरहेछु
जताततै उज्यालै उज्यालो देखिरहेछु

माफ गर्नुस् प्रिय भावकहरू !
ओहो ! यो कस्तो भयानक सपना देखिएछ
जो म सधैं-सधैं देखिरहन चाहन्छु
मेरो अन्तिम कविता
म तिमीलाई यस्तै-यस्तै लेखिरहन चाहन्छु !

सुप्लाको हवाईजहाज

देब्रे हात

ढुङ्गाको हरमुनि च्यापिएको
घाँसको पहेँलो पातजस्तो
शरीरको कोखामुनि च्यापिएको छ
श्रापित देब्रे हात ।
मानौँ यो हात
कुनै कामको लागि योग्य थिएन
कुनै सफलताको हकदार थिएन ।

पोसिलो खाना लिएर
मुखसम्म पुग्ने काम केवल दाहिने हातको
खेलहरूमा विजेता हुन
भर केवल दाहिने हातको
कविता लेख्न, हस्ताक्षर गर्न
विश्वास केवल दाहिने हातको ।

कहीँ विजेता बनेर
उत्सवहरूमा उठाएँ दाहिने हात ।
राष्ट्रिय गीत बज्दा कतै
मुटुमाथि गर्वले राखेँ दाहिने हात
कसैलाई सलामी दिँदा

निधारमा जोडें दाहिने हात ।
मैले आनो देब्रे हात
दाहिने हातले पाएको सफलतामा
ताली बजाउन मात्र प्रयोग गरें
कि त
गुह्य पुछ्न मात्र
कि त
फोहोर टिप्न मात्र
कि त
गाली गर्न मात्र ।

देब्रे हात
डिप्रेसनको रोगी बनिरह्यो ।
सुनिरहें उसका प्रलापहरू,
"के तिम्रो संसार दायाँ हातको मात्र देन हो ?
किन तिम्रो धर्मसमेत मेरो मजाक उडाउँछ ?
मलाई किन अपराधी, कमजोर र बेइमानीको विम्ब मान्छौ ?
ए मानिस ! मलाई पनि चलाऊ । मलाई पनि गतिशील बनाऊ ।"

चलाउँदै नचलाएको त होइन है मैले
यो देब्रे हात
तर दाहिने हातलाई सधैं शिरमाथि चढाएँ
र यो देब्रे हातलाई
जुत्ताको फोहोरमात्र पुछ्न लगाएं ।
देब्रे हातको रोग निको पार्न
त्यसलाई एउटा महँगो घडी उपहार दिएँ
सुनका औंठीहरू पनि लगाइदिएँ औंलाहरूमा
र शरीरको सम्पूर्ण सत्ता
सुम्पिदिएँ केवल दाहिने हातलाई ।

तर एक दिन अचानक
पक्षाघातले ढलें म
बेकाम भयो मेरो दाहिने हर ।
त्यही दिनदेखि थर्थराउँदै हिंड्न थालेको छु
देब्रे हातले लट्ठी टेकेर ।

यो भयानक दुःखको कुरा हो
कि पृथ्वीकै शरीरको एउटा कुनामा
सधैं श्रापित छ देब्रे हात
र दाहिने हर नचल्ले निश्चित छ ।
ओहो ! कुन हातले लट्ठी समाउला पृथ्वीले
जब पक्षाघातले यसको दायाँ पाटो हान्नेछ ?

ट्रक ड्राइभर

खतरनाक हुन्छ
बाक्लो हुस्सु लागेको मनमा सवारी चलाउनु !
दिलमाया !
म ट्रक चलाइरहेछु ।

बैंसको भीर कोतरेर बनाएको
सपनाहरूको कच्ची बाटो,
जाडोका आल्पिनहरूले घोचिरहेका नाङ्गा औंला,
र यो बाटै नदेखिने गरी
हुस्सु लागेको मनको घुम्ती !
दिलमाया !
म ट्रक चलाइरहेछु ।

थिच्दाथिच्दै
हर्नको घाँटी सुख्खा भइसक्यो
ट्रकको सिसा आँसुले भरियो र वाइपर बिग्रियो
ब्रेकलाई अल्जाइमर भयो
थाहा छैन
कति नजिकै पर्खेर बसिरहेछ दुर्घटना ।
दिलमाया !
म ट्रक चलाइरहेछु ।

यो मेरो जिन्दगीको अहम् लडाइँ हो, दिलमाया !
जिन्दगीको झुपडीभित्र बसेर
मलाई कुरिरहेका छन्
सपनाका भोका बच्चाहरूले ।
उनीहरू निदाउनुअघि
कि मैले ढुङ्गा उम्लिरहनुपर्छ छातीको डेक्चीमा
कि रोटी कमाउनुपर्छ
कि कतै सडक छेउबाट
हामफाल्नु पर्छ नदीमा ।

दिलमाया !
नदीमा हाम फाल्न
बनेको होइन म ड्राइभर !

बाटै नदेखिने गरी
हुस्सु पालेर बसेकी छौ तिमी वर्षौंदेखि
दिलमाया !
म त्यहीं चलाइरहेछु
एउटा थोत्रो ट्रक !

एउटा नोटको जीवनी

मेरो हातमा
हजारौं हातहरूको फोहोर टाँसिएको
कागजको एक नोट छ
म त्यसको जीवनी पढिरहेछु ।

यो नोटको जन्मको बारेमा
म बिलकुल अनभिज्ञ छु
तर थाहा छ मलाई
कुनै बैंकको सफा कुनाबाट
यो नोटको फोहोर यात्रा शुरु भयो ।

एक क्यासियरले
जिब्रोको थुकमा बुढीऔंला चोबेर
गन्यो यो नोट
र पहिलोपटक थमायो ग्राहकको हातमा ।

बैंकबाट बाहिर निस्किएपछि
नोट पुग्यो
मासु पसलमा
नोटमा मासु पसलेको हातको आलो रगत टाँसियो ।
त्यसपछि पुग्यो नोट

रुघाग्रस्त साहुको हातमा
नोटमा साहुको सिँगान टाँसियो ।

त्यसपछि पुग्यो नोट
कुनै आसामीको हातमा
जो भर्खरै पिसाब फेरेर
नोट गन्दै थियो ।

पुग्यो नोट
भर्खरै बाथरूममा सेटी प्याड निकालेर
बाहिर निस्किएकी मालिक्नीको हातमा
त्यसमा टाँसियो
मासिक श्रावको रगत ।

पुग्यो नोट
यौनकर्मीको हातमा
जसमा टाँसियो चिप्लो यौनरस ।

भ्रष्ट, तस्कर, दलाल
पण्डा, नेता, हिप्पोक्रेट
सबैको हात-हातसम्म
नोटको यात्रा जारी रह्यो ।

एकपटक बडो मुस्किलले
गरीबको हातमा पनि पुग्यो नोट
जसमा उसको आँसु
र पसिना पनि मिसियो ।
तर भोलिपल्ट नै नोट पुग्यो
बेरोजगारीले किलकिले अँठ्याएर

कुलतमा फसेको
कुनै युवकको हातमा
त्यसमा गाँजाको गन्ध टाँसियो
अफिमको बासना टाँसियो ।

लामो यात्रापछि
अन्तमा पुग्यो नोट
एक भक्तको हातमा
भक्तले चढायो भगवान्लाई
त्यही नोट ।

म पढिरहेछु
एउटा नोटको रोमाञ्चक जीवनी
तर बुझिरहेको छैन
कि किन चढाउँछ भक्तले देउतालाई
यो फोहोर नोट ?
किन सबैभन्दा सफा लाग्छ मानिसलाई
यो फोहोर नोट ?

मेरो हातमा
हजारौं हातहरूको फोहोर टाँसिएको
कागजको एक नोट छ
म त्यसको जीवनी पढिरहेछु ।

खडेरी

यो खेत हो कि
कोही गरीब आदमीको
पट्पटी फुटिगएको कुर्कुच्चा ?

कि हो कुनै चित्र ?
खेतको थोत्रो कपडामा
खडेरीले ध्यानसे बनाएको ?

मेरे दोस्त !
ए तो नदी हो नदी
जहाँको पानी हिउँदभरि
पडोसीको खेतमा निमेक गर्न जान्छ
र बर्सात भएपछि पगला सा बिदामा फर्किन्छ ।
तिमी त्यस्तो ठाउँमा उभिएछौ
जहाँ नदी पनि
दासहरूझैं बन्धकी पर्छ ।

आऊ अब नजिकै देहात छिरौं
उधर भी काकाकुल फाँट
यो नदीझैं बारिस पर्खेर बसिरहेछ ।
दाना लाग्लाझैं गहुँको खेतमा
आग लाग्लाझैं भएको छ
मौसमसँग हारेका मकैका पोथ्राहरू
बाजु लत्राएर घुँटना टेक्दै उभिइरहेछन्

मिट्टीमुनि कोई रस नभेटेर
कुपोषणग्रस्त छ गन्नाको झाड ।

देहातका किसानहरू
सधैंझैं बहुत चिन्तित् छन् इस बार पनि
देख्नु उनीहरूको आँखमा
भुखमरीको साया कसरी बेसरम नाचिरहेछ ?

दोस्त !
चरचरी फाटेको यो खेतमा
उनीहरूले सिर्फ देख्छन् आफ्नै चेहरा
र खराब तक्दिर
पता छ उनीहरूलाई
यसको जिम्मेवार छन् मुखिया
उनैले गरिदिएछन् पडोसीसँग
आधा पानी र बिजुलीको झूठा कागज
इस कारण हरेक हिउँदमा
नदी तरेर पारी गै जान्छ हरियाली ।

बहुत तकलिफको बात छ मेरे दोस्त
जब भारी बर्सात हुन्छ
थुनिदिन्छ पडोसीले बाँधको दरबाजा
र बाढ पसेर हाम्रो खेत खलिहान बगाउँछ ।
मेरे दोस्त !
यो यस्तै गाँव हो, जहाँ हर हिउँदमा
खडेरीले किसानहरूको तक्दिर फुटाउँछ
र बर्सातमा बाढले उनीहरूको बास उठाउँछ ।

लेकिन सुनेको छु
“मेरो देहातमा बहुत बढियाँ छ !”
साला मुखियाले पापी पडोसीलाई
अभितक यस्तै तार पठाउँछ ।

दशैँमा परदेशी सम्झेर

तिमी खाडी उडेपछि
अष्टमीको दिन काटिएको खसीझैं
छट्पटाइरहेछु
सिकुवामा उम्रिन नसकेको जमराझैं
चाउरिएकी छु
विधवाको निधार पर्खिएको सेतो अक्षताझैं
बेरङ्ग भएकी छु
मेरो खसम !
यसपालि त सँगसँगै मनाउँला भनेको दशैं
तिमी उडेपछि
जुठो बारिएको घरझैं
उदास भएकी छु ।

सम्झिरहेकी छु,
मान्छे बेच्ने कम्पनीको टिसर्ट लगाएर
जब तिमी उडेका थियौ
खाडीको आकाशतिर
मेरो सिमखेत आँखामा धेरै बेर
ती बाह्र नेपालीहरूको तस्बिर नाचिरहेको थियो
जो बिना कुनै कसुर
मारिएका थिए
इराकको तातो बालुवामा ।

त्यहाँ सेरिएको
घाँटी मेरै थियो
र गोलीले छेडेको एउटा लास तिम्रो थियो ।
हामी त त्यही दिन
मरिसकेका थियौं विमानस्थलमा
तिमी मरेका थियौ
दशैंको च्याङ्ग्राझैं बेचिएर
म मरेकी थिएँ
तिम्रो उडानलाई रोक्न नसकेर ।

मेरो खसम !
महङ्गीको मालश्री गाउँदै
पसेको छ दशैं सधैंझैं गाउँमा ।
सधैंझैं रातो माटो र कमेरो छ्यापेर
मैले घर चोख्याइसकेकी छु ।
तर कसम !
मेरो आँखामा कुनै सुन्दर सपना छैन
तिमी उडेपछि
तिम्रो घरमा कुनै ढुकढुकी छैन ।

सिथिल भएको छ गाउँको पाखुरा
बिरूप भएको छ गाउँको सौन्दर्य
बुढाबुढीहरू भन्दै छन्-
"तिमी उडेपछि
केटीचौरको लट्ठेपिङ छिनेर
भाँचिएको छ गाउँको मेरुदण्ड ।"

तिमी उडेपछि
जुठो बारिएको घरझैं
उदास भएकी छु ।

पुजारी

मन्दिरभित्र बस्ने
सर्वज्ञाता ईश्वरलाई पनि थाहा छैन
यो मन्दिरका पुजारीहरू
किन दिनभरि मानिस
र रातभरि सर्प बन्छन् ?

किन मन्दिरको गजुरलाई डस्छन् ?
किन पालैपालो मूर्तिमा बेरिएर सुत्छन् ?

मानिसहरू हो, सुन !
मन्दिरको दक्षिणी गेटबाट
हाम्री आमालाई गाली बक्दै आइरहेको
यो धोद्रो स्वर कसको हो ?
हामीले शान्तिको यज्ञ लगाउन खोज्दा
मन्दिरको छानामा बज्रिएको
यो ढुङ्गा कसको हो ?
द्वारनेर
आमाको फरियालाई झण्डा बनाएर
हाम्रै भाइलाई आगो झोस्न उकास्ने
यो आदेश कसको हो ?
सुन !

किन कोही खुलेआम
आमाको चिरहरणको धम्की दिइरहेछ ?
र यी सबै करतुतदेखि बेखबरजस्तो
भक्भकाउँदै भःभःभः
पुजारीहरू चर्को स्वरमा
किन उसैको आरति गाइरहेछन् ?
किन मङ्गलधुन बजाइरहेछन् ?

उता
मन्दिरको दक्षिणी कुनाबाट
लाउड स्पिकरमा
कोही षडयन्त्रको गीत बजाइरहेछ
र यता पुजारीहरू
किन यसरी उत्सव बनाइरहेछन् ?
टिङटिङ टिङटिङ
किन उनीहरू घण्टी बजाइरहेछन् ?
किन शङ्ख फुकिरहेछन् ?
भक्भकाउँदै भःभःभः
किन उनीहरू मन्त्र पढिरहेछन् ?

सुन, देशवासीहरू !
धेरै युद्धहरू लडेर
लड्खडाउँदै यहाँसम्म आइपुगेका हौं हामीहरू
अब त युद्ध टुङ्गाउने
सङ्कल्प गर्दै थियौं भर्खरै
गलत रहेछौं,
ओहो !
एउटा युद्ध त अझै लड्नै बाँकी रहेछ,
पुजारीहरू विरुद्ध ।

जबसम्म रहिरहनेछन् यिनै पुजारी
सामन्तको स्तुति यसरी नै चलिरहनेछ
चीरहरणको धम्की यसरी नै आइरहनेछ
मन्दिरको भेटी यसरी नै गायब भइरहनेछ ।

प्रियजनहरू !
के अब पनि तपाईंहरू
छिमेकीले दूध खुवाएर पालेको
सर्पको हातबाट टीका थाप्न मन्दिर जानुहुन्छ ?
कि सर्पलाई मन्दिरबाट निकालेर
दिल्लीको भव्य चिडियाघरमा
उपहार पठाउन चाहनुहुन्छ ?

(भारतीय हस्तक्षेप विरुद्ध सडकमा वाचित कविता)

ट्राफिक दाइ

पत्रिकाहरूको चोकमा उभिएर
सिठी फुक्ने ट्राफिक दाइ !
अब यो सडकाँ
गँजडी डाइबरलाई सलोट हानेर
थप शोकगीतको कन्सर्ट नअरम् ।

बरु यसो अरम्
सिंहदरबारबाट निकालेर
जो जसले गाडी महल छिराउँचन्
वा महलबाट निकालेर
जो जसले गाडी सिंहदरबार पुराउँचन्
ती डाइबरहर्को लाइसेन्स चेक अरम्
उनीहर्को बिल बुक हेरम्
मुखाँ 'ब्रेथलाइजर' लगार
अब उनीहर्को बेहोसीको नापजाँच अरम् ।

हामीहर्लाई ठूलो शङ्का छ
उनीहर्ले रौसी पेर चलाइरहेछन् कि सवारी ।
हामीहर्लाई शङ्का छ
उनीहर्ले गाँजा तानेर हाँकिरहेछन् कि गाडी ।
हाम्रो साझा चिन्ता
कि त्यो सवारीभित्र

एउटा कुपोषित देश छ
र देश कुपोषित हुनुमा
यिनै दर्बारबासी डाइबरहर्कै दोष छ ।

हामी त केवल
सडकाँ बल्ने टायर र पुत्ला भइम्
बन्दुक र गोलीहरू भइम्
ढुङ्गामुडा र राँको भइम्
शहीद भइम् ।

अब यसरी बीच सडकाँ बसेर
सपनाहरू क्यारियरमा राखिहिंडेका
बुङ्गा मुन्छेहर्लाई हप्काउनुको के अर्थ ?
जैरे दुखियाहर्को हाताँ
भुङ्ग्राजस्ता चिटहरू थमाउनुको के अर्थ ?
यसरी पुगिन्न कैलेई
हाम्रो सपनाको घ्यौरालीमा ।
आ, अब त चिट तिनीहर्लाई दिम्
जो बेहोस देशलाई डिक्कीमा राखेर
सवारी चलाइरहेछन् ।

देशसँग उनीहर्ले चर्को भाडा असुलेका छन्
देशसँग उनीहर्ले ठूलो खेलैंची अरेका छन्
पुराउनुपर्ने जुन ठाम् हो
उनीहर्ले त्याँ कहिल्यै नपुगिने
गलत बाटो अख्तियार गरेका छन् ।
कैलेकाइँ यो तन्नम देशलाई
बीच बाटोमा छोडेर
उनीहरू दरबारतिरै फकिर्एका छन्
कैलेकाइँ यो बिरामी देशलाई

खौलाँ हालेर
उनीहरू मस्त निदाएका छन् ।

ट्राफिक दाइ !
अब उनीहर्को स्पिड चेक अरम्
कसले स्लो स्पिडमा हाँकिर'छ सवारी ?
कसले ओभर स्पिडमा हाँकिर'छ गाडी ?
कसले ट्राफिक लाइटको बेवास्ता अरिर'छ ?
कसले जेब्राक्रसाँ हिँनिरका मुन्छेमाथि
गाडीको पैँया उतारिर'छ ?
निर्धक्क भनौं-
हामीलाई चाहिएको छ सन्तुलित रतार ।

अब यसरी पूर्वाग्रहको पातालमुनिबाट
सधैं माथिल्लो कविलामा बस्ने
असफल ड्राइबरहर्को स्तुति गाएर
पुग्दैन यो देश अस्पतालमा छिट्टै
र बन्दैन कसैअरी तन्दुरुस्त ।

पत्रिकाहरूको चोकमा उभिएर
सिठी फुक्ने ट्राफिक दाइ !
ऊ... ऊ... !
कोही फेरि ट्राफिक नियम उल्लङ्घन अरिरहेछ
सिठी फुकम्
सिठी फुकम् !

पागलको गीत

हेर्नू, मेरो अँजुलीबाट
जीवनको समुद्र नै चुहिएर सकिएको छ ।

मेरो हत्केलाबाट खसेर
जीवनको ऐना टुक्रा-टुक्रा भएको छ ।

आँखाभित्रै पहिरोमा पुरिएका छन्
सर्वाधिक प्रिय सपनाहरू
सम्झनाका लागि उपहार भनेर
अलिकति सपनाहरू चोरी लगेका थिए बिर्सनेहरूले
न उनीहरूले ती सपनाहरू आँखामा सजाएका छन्
न मलाई फिर्ता दिएका छन् ।

हातमा
उखिलएको मुटु च्यापेर हिँडिरहेछु वर्षौंदेखि
न त्यसलाई छातीमा लगेर टाँसिदिने
कुनै मायालु हात छ
न त्यसलाई चितामा फ्याँकिदिने
कुनै महान् आत्मा छ ।
यो सडक नै हो मेरो पाठशाला
यो सडक नै हो मेरो धर्मशाला
मलाई कसले पागल बनायो ए बटुवा दाइ ?

मेरो बुद्धि र ईश्वर
वा यो कुरुप राज्यसत्ताले ?
कसरी झरें म यो सडकमा ?
यो सडक नै हो जीवनको प्रयोगशाला !

यही सडकमा थुप्रिएको फोहोरमा
पाउँछु मेरो देशको खास बासना
यही सडकमा बगिरहेको भीडमा
म नाङ्गै हिँडिरहेको देख्छु अराजकता
यै सडकमा भेट हुन्छ एउटा बूढो समयसँग
जो सधैं हिंसाको बीउ छर्न व्यस्त रहन्छ
यै सडकमा भेट हुन्छ एउटा जीर्ण देशसँग
जो सधैं आफ्नो हराएको मुटु खोज्न व्यस्त हुन्छ ।

पत्याऊ/नपत्याऊ
अचेल मलाई यो सडक
पैतालाका छापहरूको म्युजियमजस्तो लाग्छ
थाहा छ मलाई
यो सडक हुँदै सिंहदरबार पुगेर
को कति मूल्यमा किनिएको छ ?
यही सडकमा चप्पल रगड्नेको पसिनामा घोटेर
कसकसले घसेका छन् पापको चन्दन ?
यो सडकमा अहोरात्र रुनेहरूको
आँसुको पिङमा मच्चिएर
कसकसले छोएका छन् वैभवको उचाइ ?
ए बटुवा दाइ !
तपाईंलाई पनि त थाहा हुनुपर्ने
प्रत्येक दिन
कति देशवासीको आँसुमा डुबेर

ओभानो हुन्छ यो सडकको आँखा ?
प्रत्येक रात
कति नागरिकको धारे हातले चिरिएर
छटपटिन्छ यो सडकको हृदय ?

यो सडक
थाकेका पैतालाको म्युजियम ?
हारेका मानिसहरूको आँसुको नदी ?
धाँजा फाटेको खेतझैं
धारे हातले चिरिएको कलाकृति ?
वा कङ्कालमय देशको
वीभत्स एक्स रे ?

कुरूप उपमाहरूमा
जे नाम दिए पनि हुन्छ यो सडकलाई
तर
ए बटुवा दाइ !
यो सडकलाई सुहाउने
म कुनै सुन्दर नाम सोचिरहेछु ।

बेसार

विचार रोपेका थियौं फाँटहरूमा
पहेँलिएर गए
सौन्दर्य फलाउन चाहेका थियौं बारीहरूमा
बिरामी भए
त्यहीं नजिकै गाँज हालेर फस्टाइरहेछ
बेसारको खेती ।

मौसमले छर्छ माटोमा उर्वरता
तर यहाँको उर्वरता कसले बदल्यो ?
यहाँको आर्द्रता कसले बदल्यो ?
कसले बनायो यो देशको माटोलाई
बेसारको लागि अनुकूल ?
कसले बनायो यो देशको पानीलाई
विचारको लागि प्रतिकूल ?

नेताहरूको अनुहार हेर्छु
बेसारे देख्छु
न्यायलयको गजुर हेर्छु
बेसारे देख्छु
यो देशमा डुबिरहेको घाम बेसारे
उदाइरहेको जून बेसारे

अल्लारे मौसम
र मनहरू बेसारे ।

यो देश
भूपिको हल्लैहल्लाको देशमात्र होइन
बेसारै बेसारेको पनि देश भएको छ
किनभने बेसारसँग
जुनसुकै रङलाई पनि
आफ्नो बनाउने समार्थ्य छ
हरियो साग या रातो गाजर
सेतो काउली या बैजनी भन्टा
बेसारले सिर्फ पहेँलो बनाउँछ ।

सुख पो हुनुपर्ने यो देशमा
दुःखमात्र छ बेसारजस्तो
जेलाई छुन्छ
दुःखी बनाउँछ ।
व्यवस्था हुनुपर्ने यो देशमा
अव्यवस्थामात्र छ बेसारजस्तो
जे भेट्टाउँछ
आफन्त बनाउँछ ।
न कुनै स्वाद थप्छ खानामा
न कुनै शक्ति थप्छ शरीरमा
तर पनि यो देशमा
बेसारको आतङ्क चलिरहेछ ।
यो देशको पार्लियामेन्ट
भान्सा घरजस्तै छ
जहाँ स्वस्थता बहिष्कृत
र बेसार स्वीकृत छ ।

जहाँ बेसारे अधिवेशनहरूमा
त्रासदीपूर्ण नाटकको अन्तिम दृश्य
सधैँभरि मञ्चित छ ।

तर नबिर्सौं
पकाउने बेलामा
जति माया गर्छौं हामी बेसारलाई
भान्सापछि साबुन दलेर
उत्ति नै घृणापूर्वक पखालिरहेका हुन्छौं
औँलाका कापहरूबाट
ओठका कोसाहरूबाट
जिब्रो, दाँत
र भाँडाहरूबाट ।

देशैभरि चलिरहेको छ बेसारको आतङ्क
अब म
बेसारको झ्याङमा आगो झोसेर
विचारको खेतमा पानी हाल्न जान्छु ।

ग्यालरीमा बुद्ध

सम्यक दृष्टिले
चित्रहरू हेरिरहेछन् बुद्ध
ग्यालरीका चित्रहरू सुन्दर देखिन्छन् ।

दुर्गा बरालले बनाएको
पेट बोकेकी मायादेवीको सेमी एब्ट्र्याक्ट चित्र
किरण मानन्धरले बनाएको
पोखरीमा चोबिएको नवजात बुद्धको एब्ट्र्याक्ट चित्र
गणेश जिसीले बनाएको
अशोक स्तम्भको फिगरेटिभ चित्र
सुन्दर देखिन्छन्
सुन्दर देखिन्छन् ।

ग्यालरीमा
कविता लेखिरहेको एक कविको चित्र पनि छ
जसले प्राप्त गरेको छ प्रेममा बुद्धत्त्व
ग्यालरीमा
आकाशमा उडिरहेका चराहरूको चित्र पनि छ
जसले प्राप्त गरेका छन् निर्वाण
सुन्दर देखिन्छन्
सुन्दर देखिन्छन् ।

तेलिया इट्टाले बनेको यो दरबारको पानी रङे चित्र
बनाएका हुन् वाङ्देलले
रोगी, बुढो र लास हेरिरहेको यो उदास पोट्रेट
बनाएका हुन् उत्तम नेपालीले
महाभिनिष्क्रमणमा निस्केका बुद्धको प्रदीप्त चेहरा
बनाएका हुन् मनिष हरिजनले
सुन्दर देखिन्छन्
सुन्दर देखिन्छन् ।

तर यति सुन्दर ग्यालरीमा
कहाँबाट आयो
अस्मिना रञ्जितको यो वीभत्स पेन्टिङ ?
कहाँबाट आइरहेछ यो डढेको मासुको गन्ध ?
किन आइरहेछ चीत्कार
शान्ति खोजिरहेका मानिसहरूको ?

यति सुन्दर ग्यालरीमा
अचानक कसरी देखियो अस्मिनाको पेन्टिङ
जहाँ जताततै आगोले खाइरहेको एउटा देश छ
जहाँ शान्तिको प्यासले छटपटाइरहेको एउटा देश छ ।

बुद्ध चकित छन्
तर सम्यक् दृष्टिले हेरिरहेछन्
ग्यालरीका चित्रहरू ।

यो ग्यालरी
मेरो देशको अनुहार चित्रजस्तै छ ।

बुद्धि बङ्गारा

हाँस्दा जब मेरा दाँतहरू देखिन्थे
ऊ भन्थ्यो,
"दाँतहरू त केवल देखाउनका लागि मात्र हुन्
बुद्धि बङ्गारा पलाएपछि मात्र
बुद्धि आउँछ ।"

गिँजाको कुना चिरेर
एक दिन साँच्चै पलायो उसको बुद्धि बङ्गारा
त्यसपछि चमत्कार भयो
उसले पार्टीको सदस्यता पायो
चुनावको लागि उम्मेदवारी पायो ।

ऊ त्यसपछि शहरबाट गाउँ आयो ।
पार्टी अध्यक्षले दिएको झोलाबाट झिकेर
गाउँलेहरूलाई चिया खर्च बाँड्यो ।
निकाल्यो झोलाबाट मतपत्रको नक्कल
र भन्यो,
"यो मेरो चुनाउ चिह्न हो
बङ्गारामा भोट हाल्नू ।"
बुद्धि बङ्गारा उसको चुनावी चिह्न
बुद्धि बङ्गारा उसको चुनावी मुद्दा
बुद्धि बङ्गारा उसको चुनावी नारा

जो-जो भेटिन्थे गाउँका धुलाम्य गोरेटाहरूमा
ऊ गर्वले आफ्नो बुद्धि बङ्गारा देखाउँथ्यो
र भन्थ्यो,
"बुद्धि बङ्गारा
केवल हाम्रो पार्टीका नेताहरूको आ'छ
बुझ्नू है, बुद्धि बङ्गारा हुनेहरूसँग मात्रै
बुद्धि हुन्छ ।"

चुनावी सभाहरूमा गर्ज्यो ऊ,
"बुद्धि बङ्गारा नआएकाहरू सत्तामा पुगेकैले
यो देश
ट्युटोनिकले चलाएको रोमजस्तो भयो
हिटलरले चलाएको जर्मनीजस्तो भयो
तालिवानले चलाएको अफगानिस्तानजस्तो भयो
बुद्धि बङ्गारा नआएकाले चलाएर
यो देश अभर पऱ्यो
विकासको गाडी समयको भीरबाट खस्यो
भोकमरीले जादुटुना लायो
अनिकालको आँधीहुरी आयो
पुग्यो विभेद उत्कर्षमा
र जनताको जीवन नर्कसमान भयो ।"
"यसपालि देखाउने दाँतलाई हराउनुस्
र चपाउने बङ्गारालाई जिताउनुस् !"
नभन्दै गाउँलेहरूले पत्याए उसका कुरा
जित्यो उसले चुनाव
र छिऱ्यो ऊ संसद् भवनभित्र ।

देशका धेरै केन्द्रबाट
बङ्गाराहरूले
दाँतहरूको जमानतसमेत जफत गरिदिए

बङ्गाराहरूको सरकार बन्यो ।
बुद्धि बङ्गारो आएकै वर्ष
उसले पड्कायो मुख्यमन्त्री ।
त्यसपछि चपाउन थाल्यो उसले
जहाजका पङ्खा
नदीका गिट्टी-बालुवा
र जङ्गलका काठ ।
लुछ्न थाल्यो उसले
पीडितहरूका जस्तापाता
अस्पतालका बेड
र मानिसहरूका करङ ।

एकदिन सिंहदरबारमा भेट हुँदा
उसलाई मैले गाउँबाट 'विकास' बेपत्ता भएको खबर सुनाएँ
गाउँकी चेली 'शान्ति' अपहरणमा परेको कुरा सुनाएँ
गाउँकी 'आशा' बलात्कृत भएको जाहेरी गरें
ऊ मौन बस्यो ।
मैले भनें, "तपाईंसँग गाउँलेहरू आक्रोसित छन् ।"
ऊ हाँस्यो मुख च्यातेर अट्टहास
हेरें,
थेत्, ऊ कस्तो थोते देखिएको !
देशको हाडमासु र छाला चपाउँदा-चपाउँदा फुक्लिएछन् उसका बलिया दाँतहरू ।

तर ऊ कत्ति दुखी थिएन
भन्दै थियो,
"इः हेर् त भाइ
बुद्धि बङ्गारा अझै फुक्लिएको छैन !"

आमा : एक

अब मेरा हड्डीहरूभित्र
कुनै बल बाँकी छैन ।

मेरा बचेराहरू
जीवनको कुनै सडक छेउमा उभिएर
म तिमीलाई नै पर्खिरहेछु अहिले
आऊ
आशाको अन्तिम उजेलो बाँकी छ मसँग
ननिभ्दै लिएर जाऊ ।

थुप्रै पृथ्वीलाई
हुर्काएँ मैले पाठेघरको सिकुवामा
र थुप्रै चन्द्रमालाई
आकाशको घुम्तीमा मोडिन सिकाएँ
कसैलाई छाया र कसैलाई आकृति दिएँ
हावा दिएँ र पानी दिएँ
यो दुनियालाई सुन्दर बनाउन
बैंस दिएँ र जवानी दिएँ ।
प्यारा सन्तानहरू
मसँग अब पुग्नका लागि
दिवङ्गत लोग्नेको ठेगाना पनि छैन

र बस्नका लागि
समयको ओत लाग्ने घर पनि छैन
म उड्दा उड्दै चुँडिएको चङ्गाजस्तो
म बग्दा बग्दै रोकिएको गङ्गाजस्तो
मसँग बाँच्नका लागि
आँखामा सजाएको कुनै शहर पनि छैन ।

हजार चन्द्रमाहरू बगेर
उमेरका खोलाहरू सकिए
आँखाका सपना र नसाको ताकत सकियो
अब मसँग सिर्फ एक चिज बाँकी छ
आऊ
मायाका यी अन्तिम चुम्बनहरू
उपहार लिएर जाऊ ।

अब मेरा हड्डीहरूभित्र
कुनै बल बाँकी छैन ।

आमा : दुई

मिल्ने भए
मेरो आयुको हाँगा काटेर
बनाउने थिएँ- मूलखाँबो ।
मुसलधारे वर्षासमेत नछिर्ने गरी
उमेरका पातहरूले धुरी छाउने थिएँ
र बनाउने थिएँ- तिम्रो जीवनका लागि
एक बलियो घर ।

अस्पतालको बेडमा छट्पटाइरहेकी मेरी आमा
तिमीलाई अहिले
यस्तै उपहार दिने मन थियो ।

रूखबाट बटुलेर बीउ
छर्ने थिएँ आँगनभरि
र तिमीले बिहान-बिहान डाकेझैं आकाशका चराहरू
म पनि डाक्ने थिएँ तिनीहरूलाई ।
घर छेवैमा
चराहरू चिर्बिराएको सुनेर
आफूलाई धन्य सोच्ने थिएँ ।
हाँगा सर्ने कुनै रूख भए मेरो आयु

डालीहरू काटेर
गाड्ने थिएँ घरको वरिपरि ।

जराले पक्रिएको माटोले
टाल्ने थिएँ- सिरेटो पस्ने प्वालहरू ।
घरलाई
हरेक आतङ्कबाट सुरक्षित राख्ने थिएँ ।

सम्भव नभएर पो म हैरान छु आमा !
यो दुनियामा रगत र मृगौलाझैं
आयु दिन सक्ने कुनै विधि भएन ।

आमा !
तर यसको अर्थ
म जीवनदेखि थाकेको नसम्झनू,
जुन तिम्रा लागि सबैभन्दा दुःखद समाचार हुनेछ ।

विश्व सुन्दरी

ऐश्वर्या रायले विश्व सुन्दरीको मुकुट पहिरिंदा
मेरी आमा बूढी भैसकेकी थिइन्
तर मलाई लाग्थ्यो,
मेरी आमा ऐश्वर्या रायभन्दा धेरै सुन्दरी छिन् ।

अहिले आमाको अनुहार चाउरिएर
बनेको छ धाँजा फाटेको खेतजस्तो ।
आमाको कपाल फुलेर
भएको छ सेताम्य काँसघारीजस्तो ।
ढाड कुप्रिएर
भएको छ झोलुङ्गे पुल
खुट्टा फुलेर भएका छन्- पाउरोटी
तर अझै पनि
उनी नै हुन्- विश्व सुन्दरी !

गाउँका रत्यौलीहरूमा
फन्फनी नाँचिन् आमा- बौलाहा पिठो खाएर ।
दौतरीहरूसँग छिल्लिइन्
र पुरुषले बनाएका नियमहरूको मजाक उडाइन् ।
आमाको नाँच
थिएन- माधुरी दीक्षितको जस्तो लचकदार
थिएन- साकिराको जस्तो कामोत्तेजक ।

तर त्यसको सौन्दर्य थियो बिल्कुल मौलिक ।
आमाको नाचमा
थोरै स्मृतिदंश
र धेरै गुम्फनको विष्फोटन थियो ।

मेरी आमा
खेलिनन् कुनै सिनेमामा नायिका भएर
खेलिनन् कुनै विज्ञापनमा मोडेल भएर ।
मेरी आमाको रौँचिरा पनि
बेच्न सकेन
आइमाईलाई सेक्स टोय सम्झिने
नाफाखोर र कामुक बजारले ।
मेरी आमाले लगाइनन्,
बिकनी वा स्विमसुट
र सुन्दरता बेचेर बनिनन् 'सेलीब्रेटी' ।
भइनन् उनी कतै 'टक अफ द टाउन' ।
डाँका र हत्याराहरूको चर्चा हुँदा
कुनै मिडियाले लेखेन मेरी आमाको असलपनको कथा ।

टिभीमा लाइभ हेर्दै छु,
विश्व सुन्दरी प्रतियोगिताको नयाँ संस्करण ।
कुनै स्टार होटेलको अत्याधुनिक हलमा
नाफाखोर इरिक मोर्लेको पछिल्लो अवतार
कामुक प्रश्न सोध्दै छ युवतीहरूलाई ।
अब त्यसको नक्कली उत्तर दिएपछि
घोषित हुनेछिन् कुनै तरुनी,
यस वर्षकी विश्व सुन्दरी ।

अब म टिभी बन्द गर्छु
र आमालाई भेट्न गाउँ जान्छु ।

आमाको तस्बिर

यही डल्ले जाँतोझैं फन्फनी घुमाएर
आफ्नो उमेर
अँजुलीभरि सपनाहरूको घान हालेर
तिमीले मेरा लागि घुमाइरह्यौ जाँतो-
जीवनभरि ।
दिदीको फेसबुकमा
जब देखें तिम्रो तस्बिर
ओहो ! मलाई कठिन भैरहेछ सास फेर्न
बन्द भएझैं लाग्दै छ रगत बग्न ।

धमिलो-धमिलो सम्झिएँ,
मलाई पिठ्युँमा बोकेर
तिमीले लोरी गाउँदै जाँतो घुमाएको ।
सम्झिएँ,
उमेरका पाँच-छवटा अखेटा चढेपछि
मलाई जाँतो नजिकै राखेर
तिमीले सुनकेसरी मैयाको कथा सुनाएको ।
तिमीले मधु-मालतीको कथा सुनाएको ।
सम्झिएँ,
मैले जाँतो घुमाउने जिद्धी गर्दा

तिमीले स्नेहले भनेको,
"सक्दैनस् बाबु अहिले
ठेला उठ्छ कलिलो हत्केलामा ।"

जब जाँतो घुमाउन सक्ने भएँ
मेरै जीवनको चक्र घुम्यो त्यही जाँतोझैं
र म उड्नुपऱ्यो सात समुद्रपारि ।
मलाई डोकाको घाँसमाथि राखेर
तिमीले उकाली-ओराली गऱ्यौ
र तिम्रो ढाड कुप्रियो ।
मलाई सधैं सुखमा राखेर
तिमीले हातमा ठेला उठायौ
र तिम्रो भाग्यरेखा मेटियो ।
अब त फेरिनु पर्थ्यो तिम्रो दैनिकी
तर दिदीले लेखिन् फेसबुकमा
"आमाको पृथ्वीमा
दुःखको मौसम अझै पनि ।"

आमा !
मैले यहाँ दुःखले कमाएको पैसाले
म जन्मेको घरको दैलो पोतेनछ
झिसमिसेमै गएर पानी ल्याएनछ पँधेरोबाट
गोठको भकारो फालेनछ
घाँस काटेनछ खोरियाबाट
दाउरा ल्याएनछ जङ्गलबाट ।
सोचेथें,
मैले यति कमाएपछि
अब त तिम्रा दुःखहरू यसै सकिए होलान् ।
अल्सरले बितेका बुबाको

झल्को पनि कम हुँदै गयो होला
"बचेराहरू गुँड छोडेर जानका लागि जन्मन्छन् ।"
तिमीले चित्त बुझायौ होला ।

आमा !
यता म फसेको छु जीवनको दलदलेमा
जति निस्कन खोज्छु यो देशबाट
उति नै जोडले भासिन्छु तल
अझ तल ।

धेरै ढिला गरेर आत्मसमीक्षा गर्दै छु
आमा !
मैले तिम्रा लागि केही सोचेनछु
मैले सोचेनछु आमा,
तिम्रो दमको रोग
आँङ खस्ने बिमार
र जाँतोसँग एक्लै बर्बराएर बाँच्नुपर्ने
एउटा जिन्दगीको बारेमा ।
पासपोर्ट, भिसा वा पिआरको चक्कर लगाउँदा-लगाउँदा
घर, गाडी र सम्पत्तिको किस्ता तिर्दा-तिर्दा
मैले बिर्सेछु
दुनियाको सबैभन्दा प्यारो काखलाई ।

आमा !
छुट्टीको दिन
जब आकाश चिर्दै उडिरहेका जहाजहरू देख्छु
सोच्छु-
यीमध्ये कुनै जहाज मेरो देश पनि जान्छ ।
जब हल्ला गर्दै उडिरहेका कन्याङकुरुङहरू देख्छु

सोच्छु-
यिनीहरूको लस्कर मेरो गाउँ पनि पुग्छ ।

म त्यो जहाजको
एक यात्री बन्न पनि सकेनछु
म त्यो बथानको
एउटा चरा बन्न पनि सकेनछु

आमा !
दिदीको फेसबुकमा जब तिम्रो फोटो देखें
म मानी फुक्लिएको जाँतोझैं भएको छु ।

उडान

पखेटा फट्फटाएर
सपनाको आकाशमा तिमीझैं उडिरहेको
म कुनै स्वतन्त्र चरा थिएँ ।

तिम्रो झैं जमिनमै थियो मेरो घर पनि
तर सपनाहरू थिए आकाशमा
मलाई फकाई-फकाई जमिनमा झाऱ्यौ
मेरा हातहरू चुराले बाँधिदियौ
र औंलामा औंठी लगाइदियौ ।
कानमा यार्लिङ र नाकमा बुलाकी लगाएर
त्यसैमा लट्टाईको धागो बाँधिदियौ ।

तिमीले मलाई
चराबाट चङ्गा बनायौ ।

म उड्न सकिनँ त्यसपछि
स्वभाविक लय र रफ्तारमा
फन्फनी चक्कर काटैं बतासका झोक्काहरूमा
म तिमीले निर्माण गरेको चङ्गा
अल्मलिएँ निर्देशित उडानहरूमा ।
हे मानिस !
मेरा कष्टसाध्य उडानका सङ्कटहरू बुझेनौ तिमीले

मेरो सपनाको धागो चुँडाइदियौ
म चेट भएँ र झरिरहें कुनै निर्जन प्रदेशमा
तिमी माथि-माथि उडिरह्यौ आकाशमा ।

हावामा चक्कर काट्दै-काट्दै
हुरीको सामना गर्दै-गर्दै
घाम र बर्सातले मक्किँदै-मक्किँदै
अब म एक कङ्काल बनेकी छु
र सभ्यताको पुरानो हाँगामा अल्झिएकी छु ।

हुँदैन यसरी अब सुस्केरा हाल्दै
जीवनको हाँगामा झुन्डिएर हल्लिन
मानवीयताको सबैभन्दा अचुक रसायनले
अब म आफूलाई मर्मत गर्छु
बुलाकीमा अल्झिएको धागो थुत्छु
लट्टाई खोस्छु तिम्रो हातबाट
र उड्छु आकाशमा वेग हान्दै ।

हे मानिस !
तिमीले उडाएको चङ्गा होइन म
हेर्नू यसपालि
म उहिलेझैं चरा बनेर उड्छु आकाशमा ।

हल्ट

यसरी हावाझैं दगुरेर
यसरी उफ्रेर यसरी पसिना निकालेर
के पाउँछ यो खेलाडी समयले ?
हल्ट !
अब म समयलाई थामिन आदेश दिन्छु ।

विफल भएको छ समयसँगको अन्तिम वार्ता
समय यसरी नै मनमौजी उडिरहन चाहन्छ
र म बाँदरको सानो बच्चाले
आमाको पुच्छर तानेझैं
रोकिराख्न खोज्छु धावक समयलाई
अर्को एक सय वर्ष ।

हिमालय शृङ्खलादेखि हिन्द महासागरसम्म
गङ्गादेखि इन्दू नदी उपत्यकासम्म
यसभन्दा पनि टाढा-टाढासम्म
म त्रासदीको सद्बीज छरिरहन चाहन्छु ।
यसरी रकेटझैं उडेर
कहाँ पुग्छ यो हाउडे समय ?
समयलाई यत्ति पनि थाहा छैन
कि म मुक्तिको नयाँ रसायनबारे
भूमिगत बसेर सोचिरहेछु ।

हल्ट !
म नाकको आकृतिअनुसार
राज्यको निर्माणबारे सोच्दै उत्तेजित भइरहेछु
हल्ट !
म छालाको रङअनुसार
क्रान्तिको भविष्यबारे सोच्दै रोमाञ्चित भइरहेछु
हल्ट !
म जातको दशगजामा उभिएर
नयाँ विश्वको कल्पनाले विरेचित भएको छु
हल्ट !
म धर्मको एक कस चिलिम तानेर
सडकको बीचमा मस्त सुतिरहेछु ।

यो उदार तालिवानी क्षेत्रमा
कसले पढाउने जघन्य अपराध गऱ्यो
बतुरी मलालालाई ?
को हो त्यो साहिर लुधियानवी
जो ताजमहललाई
गरीबीको मजाक सम्झन्छ ?
कसले नारा लगायो
बन्दुक बेच्ने साहू- अमेरिका विरूद्ध ?
कसले विरोध गऱ्यो
कुकुरसँग बिहे गर्ने मङ्गली मुन्डियाको ?
बूढा आमाबाको 'तलाइकुथल महान् मुक्ति हो
आमिर खान किन बढी बकबक गर्छ ?
हजारौं पशुहरूको गर्धन छिनाल्ने
गढीमाई मेला हाम्रो शान हो,
यस विरूद्ध मानिसहरूको जुलुस किन निस्कन्छ ?

म मनुस्मृतिको आजीवन विरोधी
मेरो शैलीमा त्यसकै नयाँ संस्करण लेखिरहेछु

म इतिहासको अँधेरो गल्लीबाट निस्किएर
फोहोर गल्लीतिर हिँडिरहेछु
म विभेदको पर्खाल भत्काउँदा भत्काउँदै
आफैं एउटा पर्खाल भएको छु ।

हल्ट !
बेअर्थ नदीझैं बगिरहन्छ यो चकचके समय ।

आऊ मेरा प्रियजनहरू,
मैले प्रयोगशालामा बनाएको आतङ्कको झोल भरेर
एकेक सिरिन्ज पाखुरामा उनौं
र यो चिसो हिमालय पर्वतमा
सुतौं सम्पूर्ण वस्त्र उतारेर ।
आऊ
अब एउटा नग्न युद्धको तयारी गरौं ।
यो सुनौलो भूगोलमा जुनसुकै बेला
छिर्न सक्छ- दुश्मन समय,
निर्माणको ढोकामा गजबार लगाऔं ।
सिर्जनाको मधुसमा ताल्चा मारौं ।
उन्नतिको झ्यालमा चुकुल ठोकौं ।
समयको जहाज रनवेमा कुदेर
लामो उडान लिन सक्छ कुनै पनि बेला
होसियार बनौं
र त्यसमा मिसाइल दागौं ।

सक्छौ भने आऊ,
कुनै देवदूत आएको हौवा फिँजाएर
सामूहिक आत्महत्या नै गरौं ।

हल्ट !
अब म समयलाई थामिन आदेश दिन्छु ।

भगवान्

ओ असभ्य भगवान् !
छिऱ्यौ नसोधीकन
मनको निषेधित इलाकामा
र मुटुमा प्रेमको बम पड्कायौ ।

हिँड्दै थिएँ
जीवनका कठिन उकालोमा एक्लै
बीचमै अपहरण गऱ्यौ
र पूरै जीवन फिरौती माग्यौ ।
एउटै लयमा बगिरहने सपनाहरू
कपडाझैं मिलाएर राखेकी थिएँ
छातीको दराजमा
र चाबी लगाएकी थिएँ
खोल्यौ कुनै चोरले झैं
रहरहरूको बीउ छरेर आँखामा
पर्खाल लगाएकी थिएँ
भत्कायौ कुनै क्रोधीले झैं
म आफैं नपौडिएको
आफ्नै हृदयको दहमा
इवाम्म हाम फाल्यौ
र भन्यौ,

“म अब यहीं आत्महत्या गर्न चाहन्छु ।”
ओ आतङ्ककारी !
तिम्रा स्मृतिहरूको ओभर डोजले
पागल भएकी छु म,
भन कुन अपराधमा
मेरा रातहरू अपदस्थ गऱ्यौ ?
भन कुन अभियोगमा
प्रेमको लोरी सुनाएर
मलाई आजन्म कैदी बनायौ ?

म फन्फनी घुमिरहेको पृथ्वी
तिमी सूर्य,
म छङछङ बगिरहेको खोला
तिमी समुद्र,
म सुसाउँदै उडिरहेको हावा
तिमी पहाड,
तिम्रो छाती
मेरो प्रेमको पाठशाला ।
तिमीमा पुगेर टुङ्गिने म कुनै अनाम यात्रा ।
करङहरूको मन्दिरभित्र
मैले त तिमीलाई उभ्याइसकेछु ।

नित्सेले मारिदियो ईश्वर
मानिसहरू चिन्तित छन्,
तर एउटा आतङ्ककारीलाई
मैले त भगवान् मानेर पूजा गरेकी छु ।

स्वर्ग

तिमीसँग त म नर्क जान पनि तैयार छु ।
मन्दिर जाऔँ भन्यौ, म आएँ ।

तिम्रो हात समाएर हिँडेको यो बगर, मेरो मन्दिर ।
तिम्रो गन्ध डुल्ने यो खेत, यो जङ्गल, मेरो मन्दिर ।
तिमी जान्छौ भने त
तिमीले वर माग्ने कुनै ढुङ्गाको घर, मेरो मन्दिर ।

साँचो हो, भगवान्प्रति मेरो कुनै विश्वास छैन ।
तर कतै भेटेँ भने मसँग केही मुद्धाहरू छन् उसका विरुद्ध ।
म टेबुलवार्ता गर्न चाहन्छु, मध्यस्थता तिमी गर्नू ।

तिमीसँग त म आँधीमा पस्न पनि तैयार छु ।
तिमीसँग त म नर्क जान पनि तैयार छु ।
मन्दिर जाऔँ भन्यौ, म आएँ ।

तिमी बिनाको स्वर्ग मेरो लागि नर्क समान ।
तिमी सहितको नर्क मेरो लागि स्वर्ग समान ।
सूर्यमुखी फूल भएको छु, जता तिमी उतै फर्कन्छु ।
छहराजस्तो भएको छु, जता तिमी उतै हाम्फाल्छु ।

तिमीसँग त म हावा नपुग्ने ठाउँमा पनि जान तैयार छु ।
तिमीसँग त म नर्क जान पनि तैयार छु ।
मन्दिर जाऔँ भन्यौ, म आएँ ।

सङ्गीतकार–१

सङ्गीतकार !
तिमीले खेलवाड गरिदियौ
मेरो अशान्त ह्रदयसँग
तिमीले भयानक अपराध गरिदियौ
मेरो अराजक देशसँग ।

तिमीले म हिंड्ने बाटोलाई
किन यसरी गाउन सिकायौ ?
मैले हेर्ने आकाशलाई
किन सुरमा फैलिन सिकायौ ?
झरना, जङ्गल र चराहरूलाई
किन लयमा बाँच्न सिकायौ ?

यो अभद्र राज्यमा
लयको कुरा
ठूलो अपराध हो ।
न्याय, समानता र अनुशासनको कुरा
भयानक पाप हो ।

सङ्गीतकार !
भन, तिमीले किन आफूलाई
राज्यको विरुद्ध उभ्यायौ ?

बतासिएर उडिरहेको कानुनको चङ्गा
रोकिएर तिम्रो सितार सुन्दै छ
यो अपराध हो ।
निर्लज्ज बगिरहेको विद्रुपताको नदी
अडिएर तिम्रो गिटार सुन्दै छ
यो अपराध हो ।
रङ पोत्दै गरेको अँध्यारोको सर्जक
गमेर तिम्रो धुन सुन्दै छ
यो अपराध हो ।

यो अपराध हो
कि तिम्रो बाँसुरी, सारङ्गी र तबलाको धुन सुनेर
अन्धा आसनहरूको चकचकी
केही क्षणका लागि मन्द भएको छ
विसङ्गतिको हलचल
केही पलका लागि बन्द भएको छ ।

राज्यलाई यति प्रिय लाग्ने
अशान्तिको विपक्षमा
तिमी किन उभिएका छौ सङ्गीतकार ?

सङ्गीतकार !
कहिल्यै नागरिक नचिन्ने राज्यका विरुद्ध
सरगम र लयको कुरा गरेर
तिमीले जघन्य अपराध गरेका छौ ।
र म हजारौं आतङ्कहरूबाट घाइते नागरिक
तिम्रो अपराधलाई
निसर्त प्रेम गरिरहेछु ।

सङ्गीतकार–२

क्षमा गर सङ्गीतकार
आँखा चिम्लिएर
अब म तिम्रो सङ्गीत सुन्दिनँ !

मलाई कहाँ-कहाँ पुऱ्याउँछ तिम्रो सङ्गीतले
कहाँ-कहाँ उडाउँछ
डुबाउँछ र खसाउँछ
अनिवार्य छ फर्किन
जीवनको सतहमा
तर मलाई कतै गायब पार्छ तिम्रो सङ्गीतले !

यदि कतै छ भने
जाऊ तिमी स्वर्गमा
र आँखा चिम्लिन सिपालु ईश्वरहरूलाई
सुनाऊ यी धुनहरू !

म यो विश्वको निमुखो नागरिक हुँ
आँखा चिम्लिएर
न मैले सोच्न सकेको छु कविता
त्यसैले मेरो कवितामा कुनै गहनता छैन
आँखा चिम्लिएर

न मैले भाग लिएको छु सम्भोगमा
त्यसैले मेरो सम्भोगमा कुनै पूर्णता छैन !

पूर्णता वा सन्तुष्टि
असफल सपना मात्रै हो
निमुखा मान्छेहरूको ।

कुरुप यथार्थहरूको घेराबन्दी तोडेर
कहिलेकाहीँ मिथक बाँच्न मन लाग्छ
तर कष्टको पञ्जाले
मलाई लखेट्छ जीवनको धारमा
तिम्रो सङ्गीत त ध्यान हो
त्यहाँ मैले हराउनुपर्छ आफूलाई
तर यही हो नियति निमुखाहरूको
कि उनीहरूलाई
एकैछिन कतै हराउने पनि सुविधा छैन

विलासिता हो सङ्गीत
विलासिता हो कविता
प्रेम र सम्भोग
त्यो पनि विलासिता हो
आवश्यकताहरू ?
ती सबै विलासिता हुन्

हेर्नू न
म यहाँ एक्कैछिन हराएँ भने
घरमा श्रीमतीको नाडी चड्किन्छ
छोराको टिफिन बक्समा भुखमरि लाग्छ
एक्कैछिनमा

घरको छानो
चट्याङको निसाना बन्छ
सुरक्षाले आत्महत्या गर्छ

सङ्गीतकार
दिउँसोको त कुरै टाढा
मैले त यहाँ
माछाले झैं
राति पनि आँखा खोलेर निदाउनुपर्छ !

तिमी नै भन
म के गरूँ ?

सौभाग्यले आएको छु
सङ्गीतले मातेको यो साँझमा
म त्यसै फर्कन्नँ
आँखा खोलेरै
अब तिम्रो सङ्गीतको जादु सुन्छु

तर क्षमा गर सङ्गीतकार
आँखा चिम्लिएर
अब म तिम्रो सङ्गीत सुन्दिनँ !

(गैंडाकोटमा सुकर्म समूहको सङ्गीत सुनेपछि रचित)

शरणार्थी

समयको उत्ताउलो बाढीले
बगाउँदै ल्याइपुऱ्याएको छ जसलाई यो बगरसम्म
म त्यही अभागी रुख हुँ ।

यात्री !
उखेलेर हेर्नू
माटोमुनि गाडिएका
कुनै स्थायी जराहरू छैनन् मसँग ।
मेरो ज्यानको मौलिक वासना
पुछेर गएको छ उन्मत्त भेलले ।
फूलहरू झारेर गएको छ, आँधीले ।
बचेका केही पातहरू छन्
जो मेरो छेउबाट गुज्रिएर जाने बताससँग ठोक्किएर
दुःखका गीतहरू सुसेलिरहन्छन्
चोटिल केही जराहरू छन्
पीडाका कथाहरू सुनाइरहन्छन् ।

यो अनिश्चित बगाइमा
ढुङ्गामा बज्रिएको छु धेरैपटक
र शरीरभरि घाउहरू बोकेर हिंडेको छु ।
भुमरीहरूमा फसेको छु धेरैपटक
र मस्तिष्कभरि रिङ्गटाहरू बोकेर हिंडेको छु ।

मेरो खाली हाँगामा आएर
चराहरू गीत गाउन नबसेको धेरै भयो
जराकै ठेगान हराएको म
बीउको सपना नदेखेको धेरै भयो ।

बिलकुल फरक छ
म उम्रिएको भूगोल
र बग्दै-बग्दै आएको यो सुक्खा ठाउँमा ।
फरक छ
मेरो सपनाको जङ्गल
र विपनाको यो उराठलाग्दो भूमिमा ।
ज्युँनका लागि केवल
जन्मभूमिका प्रिय स्मृतिहरू बाँकी छन्
नदीको किनारमा छु
तर तृष्णामा बित्ने पलहरू बाँकी छन् ।

कहिल्यै-कहिल्यै नमेटिने
अतीतका भोकहरू पनि बाँकी छन् ।

यात्री !
आँधीहुरीको यो दुनियामा
फेरि अर्को बाढी आउन सक्छ कुनै पनि समय
र बगाउन सक्छ मलाई दिशाहीन ।
म एउटा पीडाको तमसुक
बाढीको आदेशमा
अर्को जाली हस्ताक्षर गर्नबाट जोगिनु छ
अहिले त सङ्घर्ष गरिरहेछु
जराहरू गाड्न यो बन्जर भूमिमा ।

समयको उत्ताउलो बाढीले
बगाउँदै ल्याइपुऱ्याएको छ जसलाई यो बगरसम्म
म त्यही अभागी रूख हुँ ।

सुप्लाको हवाईजहाज

देवराज सर !
बालककालमा मैले सोचेथेँ,
सुप्लाको हवाईजहाज चढेर
म चन्द्रमामा पाइला टेक्छु ।

म देशको
पहिलो अन्तरिक्ष यात्री बन्छु ।

म अझै सम्झिन्छु,
एक कक्षाको वार्षिक परीक्षामा
तपाईंको मन जित्न
मैले बनाएर लगेको थिएँ
सुप्लाको हवाईजहाज ।
र सम्झिन्छु अझै,
उड्न खोजिरहेको मेरो जहाज
तपाईंको अहम्को पहाडमा ठोक्किएर
दुर्घटित भएको ।

कक्षा सातमा जब पढेँ महाकविको पङ्क्ति
"उद्देश्य के लिनू
उडी छुनु चन्द्र एक ।"
मैले बनाएथेँ अर्कोपटक
सुप्लाको हवाईजहाज ।

देवराज सर !
जब म अचेल गाउँ जान्छु छुट्टीमा
बाँसघारीमा बसेर दिनभरि
सुप्लाका जहाजहरू बनाइरहन्छु
र तपाईंलाई झल्झली सम्झिरहन्छु ।

तपाईं मेरो पहिलो गुरु
तर मलाई नबताई स्वर्ग हुनु भो तपाई
किन मन पराउनु भएन तपाईंले
मेरो सुप्लाको हवाईजहाज ?
कल्पनाको चन्द्रमामा पुग्ने
मेरो पहिलो रकेट ।

देवराज सर !
यी हेर्नुस् म अहिले कति खुशी छु
किनकि म भएको छु
जीवनको वर्णमाला सिकाउने
मास्टर देवराजको नयाँ अवतार
र पर्खिरहेछु
सुप्लाको हवाईजहाज लिएर आउने
केही थान विद्यार्थीहरू ।
म पर्खिरहेछु ती कल्पनाप्रेमीहरू
जो सुप्लाको हवाईजहाज चढेर
खेतहरूमा पुग्छन्
कारखानाहरूमा पुग्छन्
अस्पतालहरूमा पुग्छन्
कुनै मानिसले पहिल्याउन नसकेका
अँध्यारोका जराहरू काट्न
धारिला बन्चराहरू लिएर जङ्गल पुग्छन्

कल्पनामै सही
एउटा बैंसालु देशको चित्र मनमा सजाएर
देशदेशान्तर पुग्छन् ।

यहाँ त
कविताका डुङ्गाहरू प्वाल परेर
आँसुको नदीमा डुब्न थालिसके
म उनीहरूमा
कहिल्यै नअस्ताउने
आशाको घाम उदाएको हेर्न चाहन्छु ।

देवराज सर !
के मेरो देश
समयको महासागरमा डुबिसकेको कुनै टाइटानिक हो ?
अथवा त्यो रकेट हो
जो तीन करोड यात्रीका खोपडीहरू सखाप हुने गरी
विशाल अन्तरिक्षमा दुर्घटित भएको छ ।

म पत्याउन चाहन्नँ यो कुरा
पत्याउन चाहन्नँ
चाहन्नँ
यी हेर्नुस् म अहिले कति खुशी छु
किनकि म भएको छु
जीवनको वर्णमाला सिकाउने
मास्टर देवराजको नयाँ अवतार
र पर्खिरहेछु
सुप्लाको हवाईजहाज उडाएर आउने
केही थान विद्यार्थीहरू ।

सपना

मानिसका सपनाहरू
बच्चाको शरीरजस्ता !

र
विपना
उनीहरूले लगाएका कपडाजस्ता ।

सपनाहरू
जो बढ्छन् हर्लक्क कुनै बच्चाझैं ।
तर वर्ष दिन नबित्दै
उनीहरूका कपडा
छोटा भैसकेका हुन्छन्
लगाउन मुस्किल हुने गरी ।

लगाऊँ दुनिया हाँस्छ
नलगाऊँ नाङ्गै भइन्छ ।

रुख

सिकर्मी भाइ !
धारिलो आरीले चरचर चिरेर मेरो मेरुदण्ड
मेरो खस्रोपनमा रन्दा लगाएर
यति तन्मयले
तिमी के बनाइरहेछौ ?

सयौं वर्षदेखि
मैले स्वच्छ हावा दिएँ मानिसलाई
हपहपी गर्मीमा शीतल छाया
र बर्खामा ओत दिएँ ।
मैले नै त दिएको हुँ मानिसलाई
चिता जलाउने दाउरा
किताब छाप्ने पाना
र हजारौं मजस्तै
दानी सन्तानहरू ।

जब बूढो भएँ
मालिकको व्यापारिक भवन बनाउन
लडायौ तिमीले मलाई
मन्दिरअघि च्वाट्ट छिनेको बलिको बोकाझैं ।
तिमीले मेरा जराहरूसमेत उखेल्यौ ।

सिकर्मी भाइ !
एउटा जरासम्म छोडिदिएको भए पनि त
म फेरि उठ्थें जुरुक्क हावामा
भत्काउँथें तिम्रो गरीबीलाई गिज्याउने
मालिकको भवनको अटेरी भित्तो
र दिन्थें तिम्रा सन्तानहरूलाई
वर्षौंसम्म जीवनबुटी ।

ए सिकर्मी भाइ !
तिमीलाई सधैं दास सम्झिने
मालिकको कुरा आज गोली मार
र सुन मेरो अन्तिम पुकारा
मेरा हाँगा र बलियो शरीर ताछेर
स्कुलका नानीहरूलाई कुर्ची बनाऊ
गरीबका झुपडीलाई खाँबो बनाऊ
किसानहरूको लागि हलो बनाऊ
मजदुरका मेसिनहरूको लागि बिंड बनाऊ
वृद्धहरूको लागि लट्ठी बनाऊ
र तिम्रा लागि
एउटा गतिलो हतियार बनाऊ ।

तर कदापि मलाई
तिम्रो मालिक बस्ने आसन नबनाऊ ।

बच्चाहरू नभएको बस्ती

बच्चाहरू नभएको बस्ती
बर्बर हुन्छ !

हातमा बन्दुक र गोजीमा चक्कु बोकेर
दिउँसै खुलेआम हिँड्छ अपराध ।
बस्तीको सत्ता अन्धकारले कब्जा गर्छ ।
बच्चाहरू नभएको बस्ती
कुरुप हुन्छ !

बच्चाहरू त फूलबारी हुन्
उनीहरूको मुस्कान रङ्गीचङ्गी फूल
उनीहरूको चुम्बन सुगन्धित वासना
उनीहरूको उछलकुद पुतलीहरूको उडान
उनीहरूको चित्कार फूलको मुर्झाइ ।

हे बिरामी मानिस !
सुँघ, बच्चाको गन्ध टाँसिएका कपडा
पुछ, काखमा लागेको बच्चाको गुहु र मुत
बच्चाहरूसँग खेल
बच्चाहरूको र्‍यालदानी र डाइपर फेरिदेऊ
दूध र लिटोका छिटा

तिम्रो अनुहारमा पर्न देऊ
दिनमा एकचोटि तिमी स्वयम् बच्चा बन ।

बच्चाहरू पढ
र पत्ता लगाऊ आफ्ना असफलताहरू
हेर
उनीहरू कसरी दुश्मन मिलाउँछन् ?
कसरी बादशाहलाई पनि नाङ्गै देख्ने साहस गर्छन् ?

झूटो हुन्छ
बच्चाहरूले हल्ला नगर्ने समाज
र कुनै अपराधको तयारी गरिरहेको हुन्छ ।

बच्चा बेरिएको आमाको नालमा झुन्डिएर
ओर्लिन्छ स्वर्ग पृथ्वीमा
र साम्राज्य विस्तारमा निस्किएको नर्क
विस्थापित हुन्छ ।

बच्चाहरू नभएको बस्ती
क्रूर हुन्छ !

नदी

सतहमा
निकै शान्त बग्छ हिउँदको नदी ।
मानौं वर्खाको धपेडीपछि
आराम गरिरहेछ ।

मानौं,
जाडोमा
हुस्सुको बाक्लो स्लिपिङ ब्यागभित्र घुस्रिएर
रातभरि मस्त निदाइरहेछ नदी
उसका हड्डीहरू कट्कट् दुखिरहेछन् जोर्नीहरू झमझमाइरहेछन् ।

मानौं,
कुनै बूढो मानिसझैं
अवचेतनमा विस्तारै बर्बराइरहेछ नदी ।
परेलामा टाँसिएको चिप्रा पुछ्दै
चोटग्रस्त सपनाहरूको भद्दा नृत्य हेरिरहेछ
र दिनभरि
तिनै सपनाहरूको धङधडीले ग्रस्त छ ।
मानौं,
रेमिट्यान्सले खाएको मायालु पति सम्झँदै
जीवनका अन्तिम दिनहरू पिंढीमा बिताइरहेकी

कुनै विधवाझैं
घाममा उँघ्दै बसिरहेको छ नदी,
जसमा कुनै तरङ्गहरू छैनन्
कुनै हाँसो छैन ।

तर
जब 'नदीभन्दा दश वर्ष जेठो छु भन्ने माझी' पनि
नदीमा गायब भएको खबर सुनिन्छ
लाग्छ, नदी सोचेजस्तो शान्त छैन ।
बगिजानेहरूलाई थाहा छ,
नदीको खास तागत
गहिराइमा हुन्छ ।

म पनि हिउँदको नदीजस्तै
बिलकुल शान्त छु ।

गाउँ : एक

पहाड नउक्लिए
गाउँको पुछारमा खोला बगेको कहाँ देखिन्छ ?
बेँसी खेतमा हरियाली डुलेको कहाँ देखिन्छ ?
कहाँ देखिन्छ
घरका धुरीहरूबाट धुवाँ उडे र नउडेको ?
कहाँ देखिन्छ
गाउँको स्कुलमा
नानीहरू हिँडे र नहिँडेको ?
कहाँ देखिन्छ गाउँमा
देशको आँखा पुगे र नपुगेको ?

मेरो देशका शासकहरू
केही नदेखिने शहरको दरबारमा बस्छन्
जहाँबाट गाउँलाई देख्ने
कुनै पहाड हुँदैन !

गाउँ : दुई

पेटमा भोकको अलार्म बजिरहेछ, कति दिनदेखि
चुलोमा खरानी फेरिएको छैन ।
ओखती नभएर आफैं बिरामी छ, गाउँको हेल्थ पोस्ट
घरमा सुत्केरी श्रीमतीको
उदासीको गीत फेरिएको छैन ।

के काम यी हातहरूको
कामै नपाइने यो मुलुकमा ?
कुनै आशा नबाँचेको भए
काटेर मेरो एउटा हात
म मेरी श्रीमतीलाई सुरुवा खुवाउँथें
र ऊ भरिलो स्तन चुसाएर
दूध खुवाउँथी नवजात सन्तानलाई ।
उसको आँखाभित्र
हाम्रा सपनाहरूले छाएको नचुहिने घर छ
आगोको मायाले तातिरहने चुलो छ ।

माफ गर मेरो नवजात शिशु !
यत्ति सानो सपना सजाउन पनि
असमर्थ भएका छन् मेरा आँखाहरू
मानौं, यी मान्छेका आँखाहरू नभएर
कुनै गुडियाका आँखाहरू हुन् !

गाउँ : तीन

जुठेल्नोमा भाँडा माझिरहेकी छोरीलाई
जिस्काउँछ बकैनाको डालीमा लुकेर ।
पँधेरामा गएकी तरुनी छोरीलाई
बाटै छेकेर तथानाम भन्छ ।
जब जङ्गल जान्छे छोरी
झाडीमै ओर्लेर
कुनै बैंसालु गीत गाउँछ ।
यो चरा हो ?
कि हो कुनै उरन्ठेउलो गाउँले ठिटो ?
म यी चराहरूसँग क्रोधित छु ।

तर छोरीको
गहिरो प्यार छ यी चराहरूसँग ।
भन्छे,
"बाबा मलाई
चराहरूले जिस्काउने गाउँमा नै
बिहे गरिदिनू !"

स्केच : दीपक गौतम

साहित्यका विशेषतः कविता, निबन्ध र आख्यान विधामा सशक्त कलम चलाउने बहुप्रतिभाशाली सर्जक भूपिनका *क्षतिग्रस्त पृथ्वी र मूल सडक*, *हजार वर्षको निद्रा* र *सुप्लाको हवाईजहाज* (कविता सङ्ग्रह), *चौबिस रील* (निबन्ध सङ्ग्रह- *उत्तम शान्ति पुरस्कार* २०६९) र *मैदारो* (उपन्यास- *अनेसास सर्वोत्कृष्ट पुस्तक पुरस्कार* २०२१) प्रकाशित कृति हुन् ।

अन्तर्राष्ट्रिय साहित्य सम्मेलनहरूमा सहभागिता जनाएका भूपिनले दर्जनौं पुरस्कार र सम्मान प्राप्त गरेका छन् । सप्तगण्डकी बहुमुखी क्याम्पस, चितवनमा प्राध्यापनरत उनी संरक्षण कविता आन्दोलनसँग पनि सम्बन्धित छन् ।

उनका चुनिएका कविताहरूको सङ्ग्रह हो– **भूपिनका कविता** ।

bhupeen.bhupeen.5
@bhupeen

www.ingramcontent.com/pod-product-compliance
Lightning Source LLC
LaVergne TN
LVHW041104150826
845673LV00007B/1913